Public Administration and
Public Management Classics

ACADEMIC CLASSICS SERIES

公共行政与公共管理经典译丛
ACADEMIC CLASSICS SERIES
学术经典系列
Public Administration and Public Management Classics

新公共行政

New Public Administration

[美] H·乔治·弗雷德里克森（H. George Frederickson） 著
丁煌 方兴 译
丁煌 校

中国人民大学出版社
·北京·

总　　序

在当今社会，政府行政体系与市场体系成为控制社会、影响社会的最大的两股力量。理论研究和实践经验表明，政府公共行政与公共管理体系在创造和提升国家竞争优势方面具有不可替代的作用。一个民主的、负责任的、有能力的、高效率的、透明的政府行政管理体系，无论是对经济的发展还是对整个社会的可持续发展都是不可或缺的。

公共行政与公共管理作为一门学科，诞生于20世纪初发达的资本主义国家，现已有上百年的历史。在中国，公共行政与公共管理仍是一个正在发展中的新兴学科，公共行政与公共管理的教育也处在探索和发展阶段。我国公共行政与公共管理教育和学科的发展与繁荣，固然取决于多方面的努力，但一个重要的方面在于，我们要以开放的态度，了解、研究、学习和借鉴国外发达国家研究和实践的成果。另一方面，我国正在进行大规模的政府行政改革，致力于建立与社会主义市场经济相适应的公共行政与公共管理体制，这同样需要了解、研究、学习和借鉴发达国家在公共行政与公共管理方面的经验和教训。因此，无论是从我国公共行政与公共管理教育发展和学科建设的需要来看，还是从我国政府改革实践层面的需要来看，全面系统地引进公共行政与公共管理经典著作都是时代赋予我们的职责。

出于上述几方面的考虑，我们于世纪之交开启了大型丛书“公共行政与公共管理经典译丛”的翻译出版工作。自2001年9月本译丛首部著作《公共管理导论》出版以来，十几年间出版著作逾百种，影响了国内公共行政与公共管理领域无数的学习者和研究者，也得到了学界的广泛认可，先后被评为“十五”“十一五”“十二五”“十三五”国家重点图书出版规划项目，成为国内公共行政与公共管理出版领域的知名品牌。

本译丛主要选取国际公共行政与公共管理学界代表性人物的代表性作品，并持续介绍学科发展的最新研究成果。总的来看，本译丛体现了三个特点：第一，系统性，基本涵盖了公共行政与公共管理学科的主要研究领域。第二，权威性，所选著作均是国外公共行政与公共管理大师或极具影响力的学者的代表作。第三，前沿性，反映了公共行政与公共管理研究领域最新的理论和学术主张。

在半个多世纪以前，公共行政大师罗伯特·达尔（Robert Dahl）在《公共行政学的三个问题》中曾这样讲道：“从某一个国家的行政环境归纳出来的概论，不能立刻予以普遍化，或应用到另一个不同环境的行政管理上去。一个理论是否适用于另一个不同的场合，必须先把那个特殊场合加以研究之后才可以判定。”的确，在公共行政与公共管理领域，事实上并不存在放之四海而皆准的行政准则。立足于对中国特殊行政生态的了解，以开放的思想对待国际的经验，通过比较、鉴别和有选择的吸收，来发展中国自己的公共行政与公共管理理论，并积极致力于实践，探索具有中国特色的公共行政体制与公共管理模式，是中国公共行政与公共管理学科发展的现实选择。

本译丛的组织策划工作始于 1999 年底，我们成立了由国内外数十位知名专家学者组成的编辑委员会。当年 10 月，美国公共行政学会时任会长，同时也是本译丛编委的马克·霍哲教授访问中国行政管理学会，两国学会签署了交流合作协议，其中一项协议就是美国公共行政与公共管理领域著作在中国的翻译出版。2001 年，中国行政管理学会时任会长郭济先生率团参加美国公共行政学会第 61 届年会，其间，两国学会签署了新的合作协议，并再次提及已经启动的美国公共行政与公共管理领域知名学者代表作品在中国的翻译出版。可以说，本译丛是中美两国行政管理（公共行政）学会与公共管理学术界的交流合作在新阶段的重要成果。

在译丛的组织策划和翻译出版过程中，中国人民大学政府管理与改革研究中心、国务院发展研究中心东方公共管理综合研究所给予了大力的支持和帮助。我国的一些留美学者和国内外有关方面的专家学者参与了外文原著的推荐工作。中国人民大学、北京大学、清华大学、中山大学、复旦大学、厦门大学、武汉大学等高校许多该领域的专家学者参与了本译丛的翻译工作。在此，谨向他们表示敬意和衷心的感谢。

“公共行政与公共管理经典译丛”编辑委员会

译者前言

《新公共行政》一书是我一直以来都想译介的一本西方公共行政学经典著作，遗憾的是因为近年来总是杂事缠身而未能及早如愿。

我之所以很希望译介这本著作，其原因不仅在于西方新公共行政学派的领军人物弗雷德里克森教授在本书中系统而简要地梳理了在西方公共行政学发展历史上具有里程碑意义的新公共行政理论，更在于他在本书中所阐发的诸如强调公共行政应更多地关注社会公平正义的价值取向等许多新公共行政思想对于当下中国政府治理模式的转型具有重要的价值启示和借鉴意义。

20 世纪 60 年代末 70 年代初，以美国为代表的西方国家相继出现了一系列社会、经济与政治危机，政府改革的呼声此起彼伏，传统的行政学说面临着严峻挑战。对此，西方行政学界做出了积极且有力的回应。它们反观传统公共行政的固有缺陷，开始用全新的视角、全新的理性价值审视和研究公共行政的今天以及未来的发展，从而引发了新公共行政运动，并形成了一个新的公共行政学流派——新公共行政学派，其主要代表人物就是曾担任过美国公共行政学会会长的著名行政学家、本书的作者乔治·弗雷德里克森教授。

众所周知，当人类进入 20 世纪后半叶时，整个世界几乎处在一种急剧变革和纷扰不安的状态，科技的迅猛发展，不仅使生产力得到了快速发展，经济发展水平得到了不断提高，而且也导致了全球文化的日益普遍化和理性化，所有这些既对人类社会的进步具有重要的促进作用，也对人类社会的发展造成了许多不良影响。例如，科学研究的态度促使人类原有的终极信仰转变为对客观知识和工具理性的信仰，导致意义的沦丧，形成现代人内在的空虚感，促使人类社会更加世俗化、功利化；科技的发展还造成当代规范系统的混乱——原有的价值规范丧失权威，而新的价值规范系统尚未确立，于是便导致现代人对价值无所适从。

面对社会出现的种种变化，现代政府的确已无法再用过去的管理模式来控制局势和解决问题，因为传统行政理论是实证科学的产物，它自然也就无法指导行政实践，应付现代科学技术的发展所造成的各种危机。正是在这样一种历史背景下，1968 年，新公共行政高举“社会公平”的旗帜应运而生，它倡导关注意义和价值、着重建立规范理论，以期促使未来人类社会绽放出一线曙光。

“新公共行政”是相对于“传统公共行政”而言的，在弗雷德里克森看来，传统公共行政所追求的是一个有效、经济和协调的行政系统，它往往把研究的重点放在高层管理机构以及政府重要的职能部门中，如城市管理、国家预算、宏观计划、人事及组织结构等方面。而新公共行政则不然，它不仅认为公共行政应当以经济、有效的方式为社会提供高质量的服务，而且更强调把社会公平作为公共行政所追求的目标。“传统的公共行政试图找出下列两个问题中任何一个问题的答案：(1) 我们怎样才能够利用可以利用的资源来提供更多的或更好的服务（效率）？(2) 我们怎样才能够花费更少的资金来保持我们的服务水平（经济）？而新公共行政则增加了这样一个问题：这种服务是否增进了社会公平？”① 这实际上也就意味着行政管理人员不能是价值中立的，他们应当担负起对社会的责任，把出色的政府管理与社会公平作为一种新公共行政的基本原理、应履行的必要职责和应遵循的社会准则，而且社会公平准则本身又赋予了新公共行政新的使命：它有责任改革那些在制度、功能、效果上妨碍社会公平的政策与影响实现社会公平目标的政府行政体制，换言之，新公共行政的使命是对影响和削弱社会公平、出色管理、经济和有效率的各种因素和组织结构进行变革。

“效率”是一个既十分重要又颇具歧义的概念。19 世纪末期，效率的特定意义只应用于工程方面，自 20 世纪初起，效率便开始应用于经济和企业界，由于政府资源有限而且人民的需求日益增长，效率观念也逐渐在公共行政理论研究和实际工作中得到广泛应用。然而，即使是在公共行政领域，人们对效率也有不同理解，对效率的解释大致可分为以下两种基本类型：

(1) 机械性效率。指可以用具体数字表示的投入与产出之比率，它强调的是以最少投入取得最大产出。这种效率亦称“技术效率”或“生产效率”。传统公共行政的效率观大致就属于此类。

(2) 社会性效率。指以社会价值观念为目标，规范地予以衡量的效率，也就是说，效率必须与公共利益、个人价值、平等自由等价值目标结合起来才有意义。新

① ［美］沙夫利兹、海德合编：《公共行政学经典》，英文版，426 页，哈克特·布拉斯出版公司，1992。

公共行政的兴起即代表着这类效率观的发展。

新公共行政正是在不断对传统公共行政所谓“效率至上”原则进行反思和批判的基础上发展起来的，它对传统公共行政“效率至上”原则的反思和批判是从理论和实践两个方面进行的。

从理论方面看，新公共行政主张公共行政不仅仅是执行政策的工具，而且还是对广大民众生活各方面都具有决定性影响的重要因素，它担负着广泛的社会责任。传统公共行政将效率当作基本价值，强调非人性化和客观化的所谓理性效率，促使组织对人与人之间的互动采取机械性控制，个人只是惯性地服从并专注于生产或工作过程，人与人之间变成了工具般地相互操纵，以追求有效率地完成组织目标；而个人则失去了自我反思和自我了解的意识，缺乏创造精神和人格的健康发展，甚至造成组织成员与服务对象之间的疏远和隔离，进而失去了组织应该表现出的社会价值和责任。鉴于传统公共行政“效率至上”原则固有的缺陷，新公共行政采取解释学和批判理论的模式进行研究，以期超越传统公共行政的所谓“理性模式”，它主张行政组织通过“了解”和理想情境的沟通对话来促使公共行政与其服务对象——人民——产生诚挚的互动，以通过增加其对民众的需求做出积极反应来抵消传统公共行政理论下的无效率观，引导社会价值，进而实现公共行政的民主政治责任与义务。也就是说，与传统公共行政不同，新公共行政强调建立规范价值，关注人民需要，提高社会性效率，以改善人类生活，实现行政工作的最终目标。

从行政实践方面看，首先，新公共行政认为，公共行政最重要的目的在于促进人类幸福，然而，传统公共行政理论所强调的指挥统一、层级节制等原则虽然促进了效率，但却面临发展的困境，而且由于社会急剧变迁，传统公共行政理论与实际之间的鸿沟愈来愈大，它无法担负起社会责任，更缺乏适应社会发展的能力，自然也就谈不上有效改善人民群众的生活水平了。其次，传统公共行政的效率观也促使一些公共行政学者以机械性效率为标准来评估公共服务绩效。这些公共行政学者被训练得如同专业经济学家，专注于本利分析，并且被假定为“国家意志”的先知者，成为怀特早期对公共行政所下定义的典型例证，即成为“政府目标完成过程中的管理者和材料”。而如此定义下的公共行政，其实践成果又怎么样呢？新公共行政学的另一个代表人物奥斯特罗姆以美国胡佛委员会所提出的 PPB 预算法案为例对此作了回答。他说，1969 年由胡佛委员会所提出的 PPB 预算法案，经由国会通过，它以产出作为决策的基础，即假定某一方案的选择要基于对资源的有效利用，然而事实上，这种所谓完全科学的假设根本站不住脚，在他看来，PPB 预算法案犯了根本性错误，而且它导致了总体上的无效率。最后，传统公共行政理论过分迷信效率，造成了长远性缺乏效率并且已明显造成了更多问题。尽管它强调的行政原则为罗斯福执政时期强化行政权力以及集权控制联邦行政系统提供了依据，但是，这种强调“指挥统一”的效率行政设计也导致了尼克松执政时期著名的“水门事件”成为公共行政领域的一大丑闻。可见，以弗雷德里克森为代表的新公共行政学者认为，效率虽然在某种层次上有其积极作用，但在公共问题的解决上却一筹莫展，究其原因，正是由于按照传统行政学理论设计的政治制度并未表达公共利益，而只是考虑机械性的量化概念，它未曾顾及社会性的公平分配，其结果往往促使社会上有组织者、有权势者以及既得利益者受益最多，而造成越来越多且差距日益增大的不公平、不平等现象。

如前所述，传统公共行政把利用有限资源提供更多更好服务的“效率”和花费更少资金保持和提高服务水平的“经济”作为公共行政的两个基本原则，在传统公共行政的视野中，经济特别是效率无疑是公共行政的出发点和终极目标。弗雷德里克森则提出了新公共行政对此的不同看法，他认为，实现以较少投入换取较大产出即经济和效率目标固然是公共行政的价值追求和目标之一，但绝不是其核心价值，更不是唯一的价值准则和终极目标。传统的行政机关在执行立法和提出计划时常以牺牲社会平等来强调效率和节约，与其说它照顾一般利益，倒不如说它照顾特殊利益，它以献身于争取公众福利和民众的面貌出现，但实际上却反其道而行之。而新公共行政则强调，公共行政的核心价值在于社会公平，在于促进公民社会所拥有的、以社会公平为核心的基本价值。

“公平”本是一个社会心理学概念，早在 1965 年，美国社会心理学家亚当斯就从行为科学角度提出了他著名的公平理论。他认为，一个人不仅关心个人的收入（工资标准、奖金数量、工作成绩的认可以及其他因素）和付出（如个人的努力程度、付出劳动量的大小以及经验、知识的多少等），而且还关心自己的收入、付出与别人的收入、付出的关系，亦即人们不仅关心个人努力所得到的绝对报酬量，而且还关心自己的报酬量与别人的报酬量之间的关系，即相对报酬量。人能否受到激励，不仅会由他们得到了什么而定，还会由他们看到别人得到了什么而定，他们总是首先进行一番“社会比较”，全面衡量自己的收入和付出。从某种意义上说，工作动机激发的过程实际上就是人与人之间进行比较、做出判断并据以指导行为的过程。如果一个人发现自己的收入和付出的比例相当，他就会心理平静，认为得到了公平的待遇，于是心情舒畅，努力工作；反之，则会产生不公平感，内心不满，影响工作积极性的发挥，亚当斯用公式将其公平理论概括如下：

设 I_x 代表个人的付出，O_x 代表个人的收入，I_y 代表作为比较对象的他人的付出，O_y 代表作为比较对象的他人的收入，则

（1）公平状态为：$\frac{O_x}{I_x}=\frac{O_y}{I_y}$；

（2）不公平状态为：$\frac{O_x}{I_x}\neq\frac{O_y}{I_y}$；

以上公式表明，当一个人的所得与其付出的比值等于作为比较对象的他人的这项比值时，就存在公平状态，如果二者比值不等，那么就存在着不公平状态。后来，人们将其纳入伦理学和政治哲学的范畴内加以讨论，认为“公平”概念的完整含义应当包括“收入与付出相符合、贡献与报酬相一致、权利与义务相对称，也就是责权利相结合”①，进而使“公平”概念进一步获得了社会意义，即“社会公平”。

① 丁煌：《政策的公平性》，载《中国软科学》，1993（6）。

新公共行政学者正是在伦理学和政治哲学的意义上讨论“公平”概念的，例如，弗雷德里克森就在本书中明确指出：“公平意味着人与人之间的一种公正、正当和公道的精神或习性……它与自然权利或正义同义。”而对于“社会公平”的含义，弗雷德里克森则作了更为具体的解释，并将其视为公共行政的“公共目的”，赋予它作为核心价值的意义：“社会公平是一个包括一系列价值偏好、组织设计偏好以及管理风格偏好的短语。社会公平强调政府服务的平等，强调公共管理者决策和项目执行的责任，强调公共管理的变革，强调对公民需求而非公共组织需求的回应，强调对公共行政研究与教育的探讨，公共行政不仅具有跨学科性和应用性，而且具有解决问题的特性和理论上的合理性…… 新公共行政所关注的基本问题之一就是公平对待公民。社会公平因这些价值前提而发挥作用。社会公平就包括旨在增强这些少数群体政治权力并改进他们经济福祉的一系列活动。”总之，在弗雷德里克森看来，社会公平应该具有极其丰富的内涵，为此，他直接从美国当代政治哲学家罗尔斯的“作为公平的正义”思想体系中获取坚实的理论依据。他完全赞同罗尔斯关于公平的基本观点，即公平的自由处于高于一切的地位，理想的“正义”社会应拥有最大的公平自由，每一个社会成员都应享有公平的自由，包括言论、集会、结社的自由等。一个民主立宪政体的首要原则就是保证公平的政治自由。当公平的自由原则在由宪法规定的政治程序中得到运用时，就成为公平的“参与原则”。而参与原则要求所有公民都拥有公平权利参与立宪过程、决定立宪结果，要求所有的成年人都有权参与政治事务，每一个有选举权的人都有一张选票，而且“每张选票在决定选举结果中具有大致相同的分量”，要求“所有公民至少在形式上应有进入公职的公平途径”，要求“所有的公民都应有了解政治事务的渠道”。因此，宪法规定必须采取有力措施，不仅要保证社会所有成员享有参与政治的公平权利，保证“在机会平等公平的条件下职位和地位向所有人开放”，“确保一种参与、影响政治过程的公平机会”，而且要让最少受惠的社会成员获得最大利益，要改革社会和经济的不公平状况，避免由于“资产和财富分布上的不均等”而导致“社会中的较不利者”“不能有效地行使他们那一份与别人相同的影响力”①。可见，这里所说的公平，实际上不仅指法律上的公平，而且指事实上的公平、结果的公平，为此就需要对最少受惠者予以必要的补偿，以减少社会中的不公平。弗雷德里克森所倡导的社会公平价值观所依据的正是罗尔斯的这种作为正义的公平观念，因为这种公平观念恰好适应了新公共行政学派改造理论体系、推动政府变革的需要。否定传统公共行政片面追求效率、经济而忽视公平这一首要价值的理论体系，将使为全社会尤其为社会的最少受惠者提供公平的公共服务这个“社会公平”价值全面运用到当代公共行政的理论与实践中。诚如新公共行政学者哈特所说的那样，公平理论赋予现代公共行政伦理的内容，它将有效指导行政官员的行为，既明确了官员及组织的行为应保障公民基本平等自由权的实现，更明确了他们有责任和义务为最少受惠者获得公共服务所进行的各种努力。

---

① ［美］罗尔斯：《正义论》，213、79、216页，北京，中国社会科学出版社，1988。

弗雷德里克森倡导的新公共行政不仅期待政府能够通过观念与行为转换解决社会存在的尖锐矛盾，更期待公共行政进入到一个全新领域，即在当代民主社会中，建立民主行政之模型。民主行政要求公众需要成为行政体系运转的轴心，即公众的权利或利益应高于政府自身的利益扩张和满足。政治的民主必须实实在在体现在民主行政过程中。民主行政是现代社会的大势所趋，是社会进步的体现。在弗雷德里克森看来，民主行政，实现"社会公平"并不是空洞的伦理道德，亦不是乌托邦的梦幻，它完全可以通过行政改革得以实现。因此，新公共行政学派没有停留于理论的思辨和各种假说之中，而是以推动政府行政改革为己任，努力寻求发展公共行政的良方，从而使新公共行政不仅是一种社会思潮，同时也逐渐成为一种社会运动。可见，作为新公共行政学派的主要代表人物，弗雷德里克森所理解和倡导的"社会公平"价值观旨在通过理论应用、制度设计以及政策执行来促使人们都能够心悦诚服地生活，从而达到美好境界。

纵观新公共行政的整个发展历程，从1968年新公共行政诞生一直到1988年第二次新公共行政会议止，在这20年间，新公共行政学者对社会公平的倡导可谓是不遗余力，他们通过对传统行政效率观的批判来唤起整个公共行政领域的全面变革，进而整合各种理论观点，以期建立公共行政理论与实践的新典范；他们强调以伦理、民主、政治互动、公民参与以及回应性等观念为基础设计出一种新的组织制度，以增进社会公平实现的可能性。他们的努力不仅体现在他们的一系列学术著作中，而且更表现为对行政实践所起到的改进作用。实际上，"社会公平"俨然已作为现代公共行政的重心而取代了传统技术性效率的地位。

如果说新公共行政的"社会公平"原则是对传统公共行政所谓"效率至上"原则的价值超越，那么新公共行政的理论前提则是对传统政治—行政二分法的突破。我们知道，传统公共行政学的产生是建立在政治—行政二分法的基本假设之上的。19世纪末，西方公共行政学的创始人威尔逊率先主张应将行政学从政治学中分离出来成为一门独立学科，第一次提出了政治—行政二分法的思想，他认为，政治的职能是制定政策，而行政的职能是执行政策；随后，古德诺又对威尔逊提出的政治—行政二分法思想加以系统化、具体化，并明确提出了"政治或政策与国家意志的表达相关，行政则与这些政策的执行相关"，"在所有的政府体制中都存在着两种主要的或基本的政府功能，即国家意志的表达功能和国家意志的执行功能……这两种功能分别就是：政治与行政"①，从而将国家的政治功能与行政功能相对地区别开来。而建立在这种政治—行政二分法基础之上的传统公共行政学则一直将公共行政局限于与政治截然不同的"中立性"公共行政领域，即执行政策而不是制定政策。第二次世界大战后，在行为主义影响下，行政学研究更加强调价值与事实的区分，更加醉心于运用自然科学的技术手段对错综复杂的公共行政活动作微观的"数量确定"和精确描述，试图使公共行政成为一种独立于政治和社会之外的"非人格化"的东西，使公共行政学成为一门与政治分离、以管理技术和工艺为主的科学。

① [美] 古德诺：《政治与行政》，10、12～13页，北京，华夏出版社，1987。

然而，对于这种基于政治—行政二分法的行政学科的发展状况，新公共行政学派极其不满。他们指出，由于传统行政学的政治—行政二分法观念使行政学研究局限在一个非常狭窄的领域，尤其把研究焦点放在行政机关预算、人事、组织以及大量其他所谓“中性”问题上，相反却很少重视与社会、政治密切相关的政策制定与政策分析等问题的研究，致使公共行政游离于社会政治现实之外，远远不能满足解决社会问题、处理社会危机的需要。因此，他们首先致力于突破传统行政学的思维框架，认为：（1）政治与行政分离只是一种理论虚构，在现实的政治与行政运行中，行政体系游离于政策制定之外的状况根本不存在。例如，弗雷德里克森在本书中就指出，威尔逊提出政治—行政二分法的目的只是为了改革当时美国极度腐败的吏治和推行公务员新政策所做的必要的理论或舆论准备，是策略的需要。在新公共行政学派看来，当代西方国家政治与行政相互渗透的事实已经证明，传统的政治—行政二分法在现实的政治生活中行不通，因为实际上国会、总统或其他政治机构对于政策问题往往只是提供原则性目标，而具体政策方案则是由行政机构及其行政人员制定并通过行政机关人力、物力、财力规划得以落实的。这个过程本身无疑就是一种对各种权力、价值、利益进行交换或分配的过程，换言之，也就是一种政治决策的过程。新公共行政学派认为，在民主社会，对行政人员决策地位的认识应该采取积极态度，这样有助于提高行政机关及其行政人员的自觉意识，即除在执行政策中尽职尽责外，更应以主动的态度设计政策议程并善于运用裁量权来发展公共政策，使政策能够更加有效地解决社会问题。（2）行政学研究应适应现代社会的要求，在研究领域乃至研究方法上实现一次飞跃。就研究领域而言，新公共行政主张跳出研究行政程序的狭窄圈子，趋向于相关问题的行政学研究，亦即用更加广阔的视野、用开放的行政系统观念来研究行政组织运作中遇到的社会问题，尤其是动荡不安时期的相关问题。由于公共政策的形成过程也就是行政组织与相关问题发生联系的过程，因此，新公共行政将当今与未来公共行政发展的焦点主要定位于如何发展公共政策。在促进公共利益、建构民主行政的目标下，公共政策与行政组织演进、公共政策的制定、分析与评估以及执行等一系列问题便成为当代行政学的热门课题，从而引起了政策研究的热潮。

与此同时，新公共行政学派还确立了一套与其思想体系相配套的研究方法。他们认为，传统行政学奉行价值中立准则，避免对所研究的行政问题做出“好”与“坏”、“应该”与“不应该”的价值判断，它普遍使用了逻辑实证主义的研究方法。这种逻辑体系以接受现存制度与现存价值为前提，它将研究局限于资料汇集和统计分析的经验性理论，以表现其客观性。新公共行政学派指出，纯粹的价值中立不仅在学术研究中不存在，因为每个学者都不可避免地会将自己的价值观纳入其学术思想中，而且它还对行政学研究产生了误导作用，它使行政学者高居象牙塔之中，远离社会生活，接受既定制度阉割的学术批判精神，使研究不能影响或参与到决策过程中。而新公共行政学派明确主张社会科学家应该以其专业知识和才能从事价值判断，他们强调批判理论、道德哲学对行政学研究的意义。因此，他们推崇后逻辑实证主义哲学的思辨方法，将价值理论放在优先考虑的地位，他们甚至指出，在实证分析方法与实质价值两者不可兼得的情况下，宁可重视对价值判断的追求，唯有如此，公共行政学者才能深入社会与政治，关心行政相关问题，并且使其积极地宣传自己对现实问题的认识与批判。在他们看来，行政学者不仅仅是学术研究者，而且更应该是改革社会、推进社会发展、促进社会进步的倡导者。

较之传统公共行政，新公共行政还具有动态开放的组织观。传统公共行政注重研究行政组织本身，特别是政府内部的组织与管理，而新公共行政则把政府内部行政管理置于次要地位，它运用行政生态学的广阔视角去认识组织的运作和对行政现象的分解。新公共行政学派认为，行政组织中存在着分配、整合、边际交换和社会情感这四种基本的运作过程①：

(1) 所谓分配过程，是指新的公共行政必须关心分配形式，依据从公共行政项目中获得的效益来处理人的物质的和服务的分配问题，成本—效用分析和成本—效益分析是其最常用的方法。行政组织内部的权力、资金与利益的分配形式是组织理论的系统内容，由此引发的分配过程分析也必然和组织的决策方式联系在一起。

(2) 所谓整合过程，是指通过权威层级来协调组织中成员的工作的过程，其中每个成员都可以视为在该层级中扮演的角色，其各自的任务通过权威层级联系在一起，整合的目的在于建构一个有凝聚力、能够有效实现目标的组织整体，并使其运行机制更有利于各种行政任务的完成。

(3) 所谓边际交换过程，是指行政组织与其他相关组织及目标群体之间建立共生关系的过程。与行政组织相关联的组织有立法机构、辅助参谋机构、上级行政长官以及利益集团等。由于行政组织处于一种竞争的环境中，各级政府也有相互依存的关系，它们都需要上述那些关联组织的支持。因此，边际交换过程不仅要求由行政机构与立法机构的领导人发展共生关系，而且鼓励各级政府之间建立新型关系，同时还要重视少数群体的参与，这样有利于缓和和减少相关群体的社会冲突与挫折。

(4) 所谓社会情感过程，实际上是一种社会情感训练的过程，它也可以被视为行政体制改革的一种基本工具，还可以被视为一种技术，例如敏感性训练、组织开发方法等。社会情感训练能使行政人员降低对权威层级的依赖，能接受各种风险的挑战，也能对各方袭来的冲突采取宽容态度以提高行政机构整体适应各种社会环境的能力。

正是基于上述对行政组织运作过程动态、开放的认识，新公共行政学派认为，当代行政发展的动力来源于对行政组织进行变革的需要。其原因在于：第一，行政组织是提供各种公共服务的具体承担者，其结构与功能状况显然与公共服务质量密切相关；第二，由于传统组织理论所强调的官僚层级制体系与制度规范仍在行政组织建设中起重要作用，因而，行政组织的结构趋于呆板、僵硬，与激变的社会环境形成巨大反差，使行政组织无法对所发生的社会变化做出迅速而有效的反应；第三，现有行政组织将自身利益扩张看成组织发展目标，忽视其服务对象——公众的

① 参见［美］沙夫利兹、海德合编：《公共行政学经典》，英文版，429～436页。

需要；强调组织效率，忽视公民平等自由的权利，尤以忽视缺乏政治、经济资源支持的最少受惠者权利为甚，这使行政组织运行偏离了航道，违背了民主政治的基本准则。可见，行政组织的改革势在必行，而行政组织改革正是当代行政发展的核心内容。为此，新公共行政学派提出了行政组织设计方案应该基于的两个目标：第一，顾客导向的组织形态，即将公众（即接受公共服务的顾客）的需求作为组织存在和发展的前提；第二，应变灵活的组织形态，即加大组织结构的弹性，以便能够对外界刺激做出迅速的反应，在新公共行政学派看来，这种“回应”能力是评价现代政府组织结构与功能的重要指标。

综观新公共行政学派的基本思想内容和学术主张，我们不难发现它在理论研究和行政实践方面均对当代公共行政的发展做出了重要贡献。

从理论研究来看，新公共行政学派的贡献主要表现为：第一，超越了实证主义的研究模式。新公共行政学派借鉴和运用解释学方法和批判理论，强调民主行政下的有效沟通和意识形态的解放，着眼于对意义和价值的关注，俨然摆脱了传统“理性模式”的束缚。第二，迈开了行政学独立发展的步伐。1950—1970 年，行政学已经沦为政治学和管理学的附庸，新公共行政兴起之后，便不再局限于对制度和技术的研究定向，它试图从政治学和管理学中独立出来，许多专门行政研究机构和学会的建立便是公共行政独立发展的典型例证。第三，扩大了公共行政的领域范围。新公共行政学派认真细致地研究和界定了“公共”的意义和范围，它着眼于建立公共哲学，倡导民主行政，不仅扩大了行政学的研究范围，而且也扩大了公共行政实际工作者的权力与责任。第四，完善了行政组织理论的内容。传统公共行政理论的研究范围过于狭窄而且比较空洞，而新公共行政学派则重新界定了行政组织的目的和意义，赋予行政组织理论一种规范性基础并且提出了理论建构的方向。第五，深化了行政教育的内容。过去按照传统行政学理论培养的行政人员大多为“效率机器人”，而新公共行政学派则强调应当培养一种德才兼备、高瞻远瞩、积极主动的行政通才。

从行政实践来看，新公共行政基于社会公平原则所提出的诸如减少层级节制、分权、参与、民主行政、对社会民众的需求做出积极回应以及面对面沟通等观念和主张，从公共服务的平等分配、公务员权利的解放、利益与价值代表的多元化、参与观念的增强、内省伦理意识的建立以及人事行政的分权化等方面，均对当代美国政府及其行政管理产生了重大影响。自 20 世纪 70 年代至 80 年代，美国公共部门的改革正如新公共行政学派预示的那样展开着，政府部门广泛推行了全面质量管理运动，倡导政府部门积极寻求公众的基本需求，尽力追求产品与服务品质，并通过不断发展的组织体系与能力稳定改进服务品质；《1978 年文官制度改革法案》就明确强调了公务人员的培训与教育；1987 年，美国国会通过了《马康包立治法案》，决定在公共部门设立质量改进的总统奖，以激励那些提供优质公共服务的组织与公务员；1988 年，美国政府建立了“联邦质量学院”作为培养公务员增强“顾客服务意识”、发展优质服务技术管理手段的机构，由此，将公共部门的全面质量管理运动推向高潮。

总之，由于新公共行政在研究方法上另辟蹊径，公共行政学的面貌焕然一新，它对社会公平价值观的极力倡导不仅使美国政府在参与性、分权化以及变通性等方面进行了一系列行政体制改革，而且也对世界各国的行政理论与实践产生了间接影响。当然，我们也应该看到，新公共行政学派在解决了问题的同时也提出了不少问题，例如，怎样妥善解决政治与行政之间的权利冲突？如何培养合适的行政教育家？怎样建立一个类似于经济理论或模型的“社会公平模型”？诸如此类的问题都对社会公平的实现具有重要影响，可见，新公共行政从理论上尤其是行政价值取向上开启了政府迈向社会公平的征程。而如何进一步探讨、建立各种理论，以理论研究指导行政实践，用行政实践丰富行政理论，促进理论与实践有机结合，进而彻底实现社会公平，则有待于行政理论研究者与实际工作者进一步共同努力。尤其值得指出的是，从比较公共行政的意义上来看，弗雷德里克森在本书中提出的许多新公共行政的理论观点和实践主张，包括他关于公共服务教育发展的精辟见解，对于经历了30多年改革开放的中国当下如何在保持经济持续、稳步发展的同时确定政府治理的正确价值取向，特别是我国公共管理教育的未来发展，无不具有重要的借鉴意义。

最后需要说明的是，对于“经典”的翻译，我一向持慎之又慎的态度，因为“经典”之所以为“经典”，是因为其中不仅含有经得起时间检验的真知灼见，而且在很大程度上会成为后人引经据典的思想来源，倘若译著不能完整、准确地反映作者的本意，岂不是会以讹传讹、贻误后人！在我决定译介本书之前，本书英文版的版权已被我国台湾的一家出版公司购买，也就意味着之前在台湾已有一本本书的中译本，或许是由于中国人民大学出版社公共管理分社的朋友考虑我的时间问题，他们在重新购买本书的版权时顺便给了我一本本书在台湾的翻译本供我参考，原本有个“偷懒”的想法，即有了这个中译本作参考，再加之《新公共行政》这本书本身的部头很小，完成其翻译任务应该花不了太多的时间。但出乎意料的是，当我开始翻译时，我顿时打消了这个所谓“偷懒”的想法，因为这个台湾版的《新公共行政》译本，无论是在语义理解的准确性上，还是在汉语表达的贴切性上，均存在着大量本人不敢苟同的地方。于是乎，我决定“老老实实”地来做这项在我看来“颇有价值的”重译工作，也正因为如此，这本译书的交稿、出版又拖了些时间。在此，我要向中国人民大学出版社公共管理分社的领导和编辑朋友多年来给予我的宽容和理解表示衷心的感谢！

丁　煌

2010 年 8 月于珞珈山

致　谢

本书是对深受我的老师、同事和学生积极影响之理念、思想和见解的集聚。我的某些老师特别有影响力，他们是：杨伯翰大学（Brigham Young University）的斯蒂沃特·格罗（Stewart Grow）、杰西·里德尔（Jesse Reeder）和罗伯特·里格斯（Robert Riggs），印第安纳大学（Indiana University）的文森特·奥斯特罗姆（Vincent Ostrom），加利福尼亚大学洛杉矶分校（University of California at Los Angeles）的温斯顿·克劳奇（Winston Crouch）和约翰·波伦斯（John Bollens），布兰代斯大学（Brandeis University）的彼得·沃尔（Peter Woll），南加州大学（University of Southern California）的弗兰克·谢伍德（Frank Sherwood）、艾尔默·K·奈尔森（Elmer K. Nelson）、布鲁斯·斯托姆（Bruce Storm）和已故的约翰·菲夫纳（John Pfiffner），内布拉斯加大学欧马哈分校（University of Nebraska at Omaha）的哈利·雷诺兹（Harry Reynolds）以及犹他大学（University of Utah）的阿沃·范·奥斯汀纳（Arvo Van Alstyne）。 vii

在多年来一直对我特别有帮助的同事中尤其值得一提的是哈佛大学（Harvard University）的斯蒂文·K·贝利（Steven K. Bailey），奥斯本研究所（Aspen Institute）的哈兰·克里弗兰德（Harlan Cleveland），锡拉丘斯大学（Syracuse University）马克斯维尔学院的德怀特·沃尔多（Dwight Waldo）、古格利·伯克海德（Guthrie Birkhead）、杰西·伯克海德（Jesse Burkhead）、西莫·萨克斯（Seymour Sacks）、亨利·兰布莱特（Henry Lambright）和约翰·C·弘尼（John C. Honey），耶鲁大学（Yale University）的道格拉斯·拉伊（Douglas Rae），印第安纳大学的查尔斯·韦斯（Charles Wise）、查尔斯·邦瑟（Charles Bonser）、路易斯·C·高索普（Louis C. Gawthrop）、约克·威尔本（York Wilburn）、约翰·瑞安（John Ryan）、唐纳德·克林格纳（Donald Klingner）和尤金·麦格雷戈（Eugene McGregor），密苏里大学（University of Missouri）的乔治·尼古拉斯（George Nicholas）和里奥·克拉姆（Leo Cram），东华盛顿大学（Eastern Washington University）的凯斯·昆西（Keith Quincy）、亨利·卡斯（Henry Kass）、罗伯特·赫罗德（Robert Herold）、沙尼·玛弘尼（Shane Mahoney）、乔治·杜里（George Durrie）、劳伦斯·凯泽（Lawrence Kiser）、尼尔·齐默曼（Neal Zimmerman）和爱德华·康纳利（Edward Connerly），美国人事管理局（U. S. Office of Personal Management）的阿兰·K·坎贝尔（Alan K. Campbell）和吉尔达·雅各布斯（Gilda Jacobs），圣迭戈州立大学（San Diego State University）的弗兰克·马里尼（Frank Marini），艾克隆大学（University of Akron）的崔永秀（Yong Hyo Cho），威斯康星州的肯尼斯·霍华德（Kenneth Howard），乔治·华盛顿大学（George Washington University）的迈克尔·哈尔蒙（Michael Harmon）、斯蒂芬·奇特伍德（Stephen Chitwood）和戴维·波特（David Porter），美利坚大学（American University）的李·夫里奇勒（Lee Fritschler）、罗伯特·克里利（Robert Cleary）、霍华德·麦克迪（Howard McCurdy）和德怀特·英克
viii （Dwight Ink），北卡罗来纳大学教堂山校区（University of NorthCarolina，Chapel Hill）的 O. 怀特（O. White）、R. 迪兰德（R. Deland）和 D. 德怀特（D. Wright），特拉华大学（University of Delaware）的詹姆斯·索利斯（James Soles），加州大学海沃分校（California State University at Hayward）的全钟燮（Jong S. Jun）、卡尔·贝隆（Carl Bellone）和伊森·辛格（Ethan Singer），南加州大学的罗伯特·比勒（Robert Biller）、切斯特·纽兰德（Chester Newland）、兰迪·哈里森（Randy Harrison）、罗斯·克雷顿（Ross Clayton）、路易斯·威奇勒（Louis Weschler）、迈克尔·怀特（Michael White）、拉里·科克哈特（Larry Kirkhart）和约翰·科林（John Kirlin），马里兰大学（University of Maryland）的玛格丽特·康维（Margaret Conway）、康利·狄龙（Conley Dillon）和查尔斯·列文（Charles Levine），洛杉矶县的查尔斯·诺里斯（Charles Norris），金门大学（Golden Gate University）的兰迪·汉密尔顿（Randy Hamilton），佛罗里达国际大学的亚当·赫伯特（Adam Herbert），政府研究中心的霍华德·哈尔曼（Howard Hallman），奥本大学（Auburn University）的托马斯·瓦西诺（Thomas Vocino），洛杉矶市的雷·利米（Ray Remy），长堤州立大学（Long Beach State University）的梅奥·鲍威尔（Mel Powell）和奥登·J·斯蒂文斯（Alden J. Stevens），内布拉斯加大学欧马哈分校的约翰·E·克里干（John E. Kerrigan），美国国家信贷联邦管理局（NCUA）的东纳·沃尔夫（Dona Wolfe），国家公共管理研究所的菲利普·J·鲁特里奇（Philip J. Rutledge），杨伯翰大学的达林·奥克斯（Dallin Oaks）、卡尔·斯诺

(Karl Snow)、肯特·克尔顿 (Kent Colton)、斯坦利·泰勒 (Stanley Taylor)、威廉·提蒙斯 (William Timmons) 和戴尔·威廉姆斯 (Dale Williams)，以及华盛顿大学的戴维·K·哈特 (David K. Hart) 和威廉·G·斯科特 (William G. Scott)。

最后，我要特别感谢三位与亚拉巴马大学公共行政学部 (Bureau of Public Administration) 及其著名的公共行政系列讲座有关的特殊人士：科尔蒙·蓝索姆 (Colemon Ransome)、罗伯特·海索 (Robert Highsaw) 和约瑟夫·皮里基 (Joseph Pilegge)，你们对讲座的安排和本书的后续准备提供了极其重要的帮助。感谢你们为我提供了一场令人振奋的挑战和一次前所未有的经验。

许　可

第一章的部分内容曾以“组织理论与新公共行政”（Organization Theory and New Public Administration）为题刊载在弗兰克·马里尼（Frank Marini）主编的《走向新公共行政：明诺布鲁克的观点》（*Toward a New Public Administration: The Minnowbrook Perspective*）一书中，该书于1971年由旧金山的钱德勒（Chandler）出版公司出版发行。我要感谢哈珀&罗（Harper&Row）出版公司以及琳达·S·罗杰斯（Linda S. Rogers）允许我重印该文的部分内容。第一章和第四章的部分内容曾发表在《公共行政评论》（*Public Administration Review*）第34期（1976年，9～10月号）564～576页的《20世纪70年代的公共行政：发展与方向》（Public Administration in the 1970s: Developments and Directions）一文中。我也要感谢美国公共行政学会（American Society for Public Administration）允许我重印该出版物的部分内容。第五章的部分内容曾以小册子的形式刊载于美国政府研究中心（Washington, D. C.: The Center for Governmental Studies）1970年印行的《公共行政的结构复原》（*The Recovery of Structure in Public Administration*）一书中。我由衷地感谢该研究中心的霍华德·W·赫尔曼（Howard. W. Hallman）允许我使用该书中那个小册子的部分内容。第二章的部分内容最初以“新公共行政的世系”（The Lineage of New Public Administration）为题刊载于《行政与社会》（*Administration and Society*）第7期（1976年8月号）149～174页上。我非常感谢赛奇（Sage）出版公司的乔治·麦昆（George McCune）与莎拉·麦昆（Sara McCune）允许我使用这部分内容。

前　言

本书的主题大体上论及的是公共行政，尤其是新公共行政。 x

新公共行政是20世纪60年代晚期和20世纪70年代的产物，德怀特·沃尔多将这个时期表述为“一个骚乱的时代”(time of turbulence)。在这个时期，我执教于锡拉丘斯大学的马克斯维尔公民与公共事务研究生院，教授公共行政课程。我所讲授的课程有“预算”、“政策分析”和“人事行政”；我的工作就是为拟进入公共服务领域求职的研究生做准备。我的学生们充满了敌对和愤怒的情绪，他们是对这个时代的挑战和抗议——骚乱的产物。他们宣称公共行政未能紧跟时代步伐，脱离了当下的重大议题和关键问题。他们是对的。正是在这种时代背景之下，我和许多同行共同投入到那场后来逐渐被人们称之为“新公共行政”的发展运动之中。

尽管新公共行政发展的总体背景很重要，但是有几个事件却影响了这场“运动”的出现。首先，大部分公共行政领域的重要理论家、作者和领导者都应邀出席了一个由美国政治学与社会科学研究院（American Academy of Political and Social Science）于1967年晚期主办的会议。这次会议的主席詹姆斯·C·查尔斯沃斯（James C. Charlesworth）将与会者的目的和心境描述为：“要用一种大胆无畏且提纲挈领的研究方式来探讨公共行政这门学科，而且……要在广阔的哲学语境下测量公共行政的重要价值。”[1]

冗长的会议报告最后断定：（1）行政机构是政策制定者；（2）政策—行政二分法已经过时；（3）我们难以界定公共行政并标明公共行政的边界；（4）公共行政管
xi 理和工商企业管理之间存在重大差异；（5）公共行政学与政治学科有明显差异；（6）公共行政无论是其规范性理论还是描述性理论都处于混乱状态；（7）等级制不再是界定或描述公共组织的恰当方式；（8）公共行政学所关注的管理问题和行政问题正在被政策问题和政治问题所取代；（9）应该会出现一些公共行政的专业学院；（10）公共行政尚未以一种重要的方式涉及诸如军事—产业复合体、劳工运动及都市暴乱等类似的社会问题；（11）公共行政领域一直都过度地专注于知识范畴、语义学、定义和边界。[2]

对这次会议有一些十分尖锐的批评意见，特别是一些年轻的理论家、实际工作者和学生更是直言不讳。对美国政治学与社会科学研究院主办的这次公共行政会议提出的众多批评意见包括：（1）逃避时代的重大议题：都市种族暴乱、贫困、越南战争、公共官员的伦理责任；（2）未能大胆地提出积极的新概念或新理论；（3）专注于1960年以前提出的理念、概念和理论；（4）对社会变革和组织变革的关注不够；（5）过分相信专业知识和组织能力，而缺乏对官僚方式的质疑；（6）对增长、组织缩减及衰退的限制关注不够；（7）除了民选官员以外，对公民的需求和需要以及回应性问题关注不够；（8）对政府行政机关能够做什么或完成什么任务持过于乐观的态度。

令德怀特·沃尔多印象最深的是这次会议的与会者普遍都是五六十岁的人，他坦率地表示想知道为什么缺少下一代的公共行政人员和公共行政专业的教授们参会。因此，他萌发了一个单独召开一次专门讨论公共行政的会议，但参会人员的年
xii 龄仅限于30～50岁或者更年轻者。这样一次会议召开了，并且出现了一种明显不同的观点和文献。从这次会议和后续的会议中出现的三个主要文献分别是：弗兰克·马里尼主编的《走向新公共行政：明诺布鲁克的观点》，德怀特·沃尔多撰著的《骚乱时代的公共行政》（*Public Administration in a Time of Turbulence*），以及H·乔治·弗雷德里克森撰著的《20世纪70年代的邻里控制》（*Neighborhood Control in the 1970s*）。这些书的许多主题在三本书中都占主导地位。弗兰克·马里尼认为，明诺布鲁克会议的重要主题是相关性、后实证主义、对骚乱环境的适应、新的组织形式以及以顾客为中心的组织。所有这些主题都在新公共行政的其他文献中得到了发展，而且，本书也对这些主题进行了更为充分的阐发。

其次，新公共行政出现的更为有趣的方面之一就是个人责任的问题。整个这一时期，德怀特·沃尔多一直担任公共行政领域顶级学术期刊《公共行政评论》的主编。弗兰克·马里尼是执行主编，而我则是研究与报告编辑。我们决定不把《公共行政评论》当做宣传工具，或者说，我们决定不把它当做工具来试图用自称所谓新公共行政学者的观点来支配公共行政领域。事实上，在这一时期，我们有意识地力图不使用“新公共行政”这个短语。这也许正是为什么有许多人已经断言新公共行政销声匿迹的唯一最重要的原因。然而，所发生的情况正好相反—— 尽管《公共

行政评论》一般都没有用“新公共行政”这个短语，但是，在 20 世纪 70 年代的整个 10 年里，与新公共行政有关的概念和理念在很大程度上却成为《公共行政评论》以及其他一般公共行政文献的重要组成部分。

最后，美国公共行政学会（American Society for Public Administration）是公共行政领域多数人所归属的主导性专业组织。1970 年，美国公共行政学会的年会 xiii
在费城召开。那次会议以“非常规”（unconvention）的名义举行了一系列未经公认的分论坛、研讨会及小型会议。组织这些“非常规探讨方式”的目的在于抗议大会组委会提出的计划，因为大会组委会对于时代的重要议题并未给予足够的关注。到会议的最后一天，出席“非常规”会议的人员比出席正式会议的人员还要多。

也正是在 1970 年的费城会议上，美国公共行政学会会长及其全国理事会组成人员候选人的名单不是提名委员会提出的，而是内定的。提出挑战的会长候选人和理事会的候补人员赢得了这场竞选。结果，许多投身于新公共行政和非常规探讨活动的年轻人在美国公共行政学会中担当重任，不料却发现该组织已陷入了严重的财政危机之中。最终，那场严重的财政危机得以解决，美国公共行政学会也因此变得更加民主并且更具有回应性。现在，美国公共行政学会对当今的重要议题非常重视。美国公共行政学会现在有一种开放的提名和选举程序。它在推选妇女和少数民族人士任职方面具有令人羡慕的记录。美国公共行政学会已经在不断改革完善过程中蒸蒸日上、茁壮成长，而且其财政状况也渐入佳境。

本书是利用事后认识的成果而写成的。新公共行政视价值和伦理为 20 世纪 70 年代的重要议题。那种评价结果被证明是完全正确的。新公共行政在某种程度上涉及的是探讨组织衰退和削减的策略和方法。那种预测结果也被证明是完全正确的。而且，对极限时代和零增长所做的评价亦是完全正确的。在整个 20 世纪 70 年代以及进入 80 年代后，还有许多相关判断的例证已经对公共行政产生了影响。此外，也有一些错误和无聊的猜测，这些错误和猜测尤其关涉到棘手的贫困问题以及健康、资源和机会的分配不当等问题。

德怀特·沃尔多将新公共行政的特征描述如下： xiv

> 新公共行政的拥护者主要专注于美国公共行政学会的变革，旨在促使其更具有与时俱进的姿态。美国公共行政学会所出版的文献已经广泛地为人们所知晓，其理念和观点在公共行政共同体尤其是学术界中广泛传播。无论是开路先锋，还是半途加入，由于新公共行政的拥护者主要是年轻学者，而且他们仍然发挥着最大程度的影响力，所以新公共行政可能会施加持续且不可预见的影响。简言之，尽管短期内我们不可能从根本上改变公共行政，但是从长远来看则有这种可能。总之，新公共行政现在和未来都可以持续地为公共行政这个由理论、技术和抱负构成的整个复合体增添新的气息。

如果德怀特·沃尔多认为新公共行政已经对公共行政领域产生了重要影响这个评价是正确的话，那么，我们就需要对这个主题进行详尽的阐释。这便是本书的目的。[3]

注释

[1] James C. Charlesworth, ed., *The Theory and Practice of Public Administration: Scope, Objectives, and Methods* (Philadelphia: The American Academy of Political and Social Science, October 1968), p. ix.

[2] Ibid., pp. 3-7.

[3] Dwight Waldo, "Developments in Public Administration," *Annals of the American Academy of Political and Social Science*, 404 (November 1972), 238.

目 录

图表目录

第 1 章

导　论

问题在于：我们怎样才能在不破坏民主参与和负责任的价值前提下使政府既有能力又有权威？ 1

——唐·K·普赖斯（Don K. Price）：
《1984 年及更远：社会工程或政治价值》

对公共行政来说，1976 年的美国国庆 200 周年纪念日标志着两个重要的生日。这一年是第一次充分阐述公共行政这样一个“新”学科领域或者至少是一个独立学科领域的著名论文发表 90 周年纪念日。在这篇著名的论文中，年轻的政治科学家伍德罗·威尔逊（Woodrow Wilson）写下今天依然脍炙人口的名言：“行政是置身于‘政治’所特有的范围之外的。行政的问题并不属于政治问题。虽然行政的任务是由政治加以确定的，但政治却无须自找麻烦地去直接指挥行政机构。”[1]

而且，这一年也正是伦纳德·怀特（Leonard White）出版他那本著名的《公共行政研究导论》一书的五十周年，这本书是公共行政领域的第一本教科书。[2]就怀特所处的时代而言，他的这本书是将政府科学与行政科学结合起来的一种先进且精致的尝试。尽管伍德罗·威尔逊一直认为公共行政是“一个事务（性）的领域”（a field of business），并且应该与“政治”（politics）分离，但是 40 年后伦纳德·怀特却认为公共行政只有在其整合了政府理论与行政理论的情况下才能够有效。

随着研究领域或专业的发展，公共行政尚不成熟。其早期的动力很大程度上与文官制度改革、城市经理运动、“良好政府”运动以及政府行政机构的专业化相关联。正是在这个时代人们提出了“行政原则”（principles of administration）并且在
2 美国的大学中设立了公共行政领域的第一批学术项目。这是一个令人兴奋的时代，在这一时期，美国建立了文官制，美国的许多州和城市都采取了一种创新举措。它们不仅采用了预算和采购的形式系统，而且还将管理科学的其他方面应用于政府事务。在这场改革运动中的早期领导者有许多都还扮演出了重要的政治角色，最著名有西奥多·罗斯福（Theodore Roosevelt）和伍德罗·威尔逊。公共行政那时是一门新兴学科，它是对瞬息万变的政府的一种回应。

公共行政的第二个“阶段”（era）据说可能始于“大萧条”和“新政”，紧接着爆发了第二次世界大战。这一阶段的时代特征是政府规模的增长速度异常地迅猛，中央政府尤其如此，美国开发出了许多重要的社会项目，并且最终开发出了一个大型的国防项目。在这一时期，很明显，一个集权的大政府能够担当重任。在后来的 20 年中，美国政府的行为和公共行政实践逐渐形成了自己的模式和态度。这一时期也产生了许多重要的美国公共行政学者，从 20 世纪 40 年代到 70 年代，他们逐渐控制了公共行政的舞台。

接下来这个时期的时代特征是，公共服务的快速增长和广泛的郊区化与都市化。然而，在这个时期，公共行政的目的和前提也备受质疑。各种社会项目和服务得以开发，一个冷战机器得以维系，而且公共服务既不断增长又继续专业化。这样的扩张似乎可能会无止境地继续下去。但是，到 20 世纪 60 年代中期，许多危机同时爆发。在许多方面，这些危机爆发的原因看起来在某种程度上似乎在于更早一个时期的过度扩张。在另一些方面，这些危机似乎显现了我
3 们这个社会和政府体系所存在的一些尚未解决的老问题。都市危机起因于政府所支持的严酷郊区化政策。种族危机则与美国大城市中心区少数民族集中居住的严重贫民窟现象有密切关系，在某种程度上，种族危机甚至是源于这种严重的贫民窟现象。伴随着中心城市的退化，它们的公共服务亦随之退化。我们持续面临着无法接受的失业率，在少数民族中情况尤其如此。此外，我们的福利体系也严重超载。我们燃料资源的迅速枯竭导致了能源危机，接踵而来的便是环境危机。当然，还有卫生保健、交通运输等棘手的问题。所有这些问题都已经影响到了公共行政。

发生在 20 世纪 60 年代中期和 20 世纪 70 年代之间的三个特殊事件或活动给社会、政府以及公共行政留下了难以磨灭的痕迹：越南战争、都市骚乱和持续的种族冲突以及水门事件。这些危机和事件导致了一些新的政府项目并且改变了公共行政的思维方式和实践方式。

弗雷德里克·C·莫舍（Frederick C. Mosher）和约翰·C·弘尼（John C. Honey）研究了 20 世纪 60 年代中期公共服务的特点和构成。[3] 他们的基本研究发现是，大部分公务人员对公共行政领域很少甚或根本没有认同感。很少有人曾

经学习过公共行政方面的课程，而拥有公共行政专业学位的人则更少。当时公共行政的目标界定似乎很狭窄，主要集中于预算、人事以及组织与管理问题。研究发现，大部分公务人员只认同某个专业领域，或者是只认同另一个专业领域，例如，教育、社区规划、法律、公共卫生或是公共工程。即使是那些应该对公共行政有所认同的人们有许多也只特别关注公共行政的某个子领域，例如，财政、人事及政策分析等等。很少有人从政策层面重视公共行政，亦即很少有人讨论国防政策、环境政策、经济政策和都市政策。在那个时期，人们更多的是把公共行政当作个人的“第二专业”（second profession）加以谈论。20世纪60年代中期的公 4
共行政教育根本没有什么生机活力。改革者早期的狂热已消失殆尽。美国公共行政学会则开始奋力前行。

到20世纪70年代晚期，无论是公共行政实践，还是公共行政教学，二者都有所改变。有许多指标可以说明这一变化：《府际人事法案》的颁布，《高等教育法案》第IX条款的确定，联邦行政首长研究所和联邦行政首长研讨班的设立，公共服务教育规模和活力的显著增长，总统管理实习项目的设立，哈利·S·杜鲁门（Harry S. Truman）基金会的成立，美国公共行政学会规模的发展和质量的提升，公共服务教育联盟的发展，住房与都市发展部（HUD）对公共行政相关活动的若干赞助，对政策重视程度的增强，对政府服务伦理和道德的重新关注，以及各级政府伴随着管理方法的精炼而对公共服务的持续专业化。

公共行政既变又新。我们怎样才能将这个领域、职业或专业说清楚呢？它是新的吗？如何对其进行描述？它在何种程度上达到了公共服务体系建立者们所期望和努力的目标？较之预期的目标，现代公共行政在多大程度上有所不同？本书旨在勾画当代公共行政的轮廓并提出我对公共行政领域在不远的将来（比如说，10～20年）可能具有的特征和行为所做的“最佳猜测”（best guesses）。

1.1 何谓新公共行政？

给任何事物加上“新”的标签都是一件很危险的事情。当理念、思想、概念、范式和理论被赋予新的标签时，这种危险就会翻倍。那些宣称新思想的人往往倾向于把以前的思想视为旧的或不成熟的甚或两者兼而有之的东西。而且，以前思想家 5
们采取守势并且往往倾向于认为，除了用新词汇对以前的思想进行了包装外，所谓的新思想其实并没有什么新的东西。因此，我们应该接受以下这个警语：新公共行政在某种程度上将会被柏拉图（Plato）、霍布斯（Hobbes）、马基雅弗利（Machiavelli）、汉密尔顿（Hamilton）和杰弗逊（Jefferson）以及许多现代行为理论家所认可。因此，这里的“新”在于织物的编织方式，而未必在于所使用的线。而且，这里的“新”还在于对这种织物恰当使用的论证——无论这种织物穿得有多么破旧。

公共行政这个织物的线已广为人知。赫伯特·考夫曼（Herbert Kaufman）把它们简单地描述为对以下这些基本价值的追求：代表性、政治中立能力和行政领导。[4]在不同的时期，上述价值的其中之一会格外受到重视。在杰克逊（Jackson）时代，最受重视的价值是代表性。最终的反应便是强调政治中立能力和行政领导的那场改革运动。当下，伴随着对新代表性模式的寻求，我们正在目睹着一场对这些价值的反叛。

还有些人认为，公共行政的变革类似于行政效率和政治代表性之间的一场零和博弈。而且，效率的任何增加都不免会导致回应性的减少。我们只不过是正在步入一个以行政效率的某种成本来购买政治回应性的时期。

无论是刚刚描述的公共行政的三分价值模型，还是二分价值模型，作为总的概括，它们都是正确的。但是，它们都具有总体概括的弱点：总体概括不能解释其内在更加广泛、更加丰富、有时更加微妙的变化。此外，概括无法解释公共行政在概括视野之外的那些部分。以某种详细的方式描述新公共行政是这些概括能够获得实质意义的一种手段。

1.2 社会公平

6 教育工作者将扩大和传播知识视作自己的基本目标和最方便的理论基础。警务人员负责执法。公共卫生机构通过战胜疾病来延长人的寿命。消防工作者、卫生工作者、福利工作者、外交官以及军人等都是受雇于公共机构。各行各业都有自己的一套实质目标和理论基础。

那么，什么是公共行政？公共行政的目标和理论基础又是什么？

长期以来，此问题的经典答案一直都是有效地、经济地、协调地管理上述各种服务。人们所关注的焦点一直都在于高层管理（以城市管理为例）或基础的辅助性幕僚功能（例如，预算、组织与管理、系统分析、规划、人事、采购）。公共行政的理论几乎总是更好（更有效率、更经济）的管理。新公共行政给公共行政的经典目标和理论基础添加了社会公平。传统和古典的公共行政不外乎试图回答下列问题：（1）我们怎样才能利用可用的资源提供更多或更好的服务呢（效率）？（2）我们怎样才能在节省支出的同时保持我们的服务水平呢（经济）？而新公共行政则要添加这样一个问题：这种服务增进了社会公平吗？

社会公平是一个包括一系列价值偏好、组织设计偏好以及管理风格偏好的短语。社会公平强调政府服务的平等，强调公共管理者决策和项目执行的责任，强调公共管理的变革，强调对公民需求而非公共组织需求的回应，强调对公共行政研究与教育的探讨，公共行政不仅具有跨学科性和应用性，而且具有解决问题的特性和理论上的合理性。

1.3 不平等

新公共行政所关注的基本问题之一就是公平对待公民。社会公平因这些价值前 7
提而发挥作用。多元主义的政府有组织地特别优待业已设立的稳定官僚体制及其专业化的少数服务对象（例如，农业部和大农场主），而歧视那些缺乏政治资源和经济资源的少数群体（例如，农场工人，既有移民也有永久居民）。其结果便是一个经济增长时代持续出现的广泛失业、贫困、疾病、无知和绝望。这种状况在道义上应该受到指责，而且，如果这种状况持续下去而不能得以改变的话，那么它便对这个或任何一个政治体系的生存构成即便不是长期的也是根本的威胁。持续地被剥夺会充分地滋生广泛的好战心态。压抑因好战心态而起，而压抑又会产生更强烈的好战心态，如此地恶性循环。一个不能为设法纠正对少数群体权利的不当剥夺而努力改革的公共行政当局最终很可能会习惯于压制少数群体。

由于各种各样的原因——也许最重要的是委员会立法机关、资深立法机关、顽固的官僚体制、非民主化的政党程序以及联邦体系小政府间不平等的增税能力——代议制民主目前的运作方式要么不能完全消除对弱势少数群体有组织的歧视，要么只是试图非常渐进地消除这种歧视。于是，社会公平就包括旨在增强这些少数群体政治权力并改进他们经济福祉的一系列活动。

1.4 有价值无涉的公共行政吗？

对社会公平的一种根本承诺意味着新公共行政试图千方百计地把握德怀特·沃尔多的论点，沃尔多认为，公共行政领域从未令人满意地接纳过参与“政治”和政策制定的理论蕴涵。政策—行政二分法缺乏经验证据，因为行政人员显而易见既执 8
行政策，又制定政策。[5]政策—行政连续体尽管在经验上更具有精确性，但它只是用未经证明的理论假定来辩论。新公共行政试图以下列方式来回答问题：行政人员并非价值中立。他们应该致力于作为价值、预期目标或理论基础的良好管理和社会公平。

1.5 变革

对社会公平的一种根本承诺意味着新公共行政渴望从事变革。简言之，新公共行政试图变革那些有组织地阻止社会公平的政策和结构。这并非试图为变革而变革，也并非要倡导行政人员、行政首长、议员或法院在我们基本的宪政框架下轮换相对的角色。教育工作者、农业专家以及警察等既可能会努力进行一些改进其目标的变革，也可能会抵制那些对其目标有威胁的变革。所有这些都只能在我们的政府体系框架内进行。新公共行政以同样的方式努力寻求那些将会改进其目标——良好管理、效率、经济以及社会公平——的变革。

对社会公平的承诺不仅意味着对变革的追求，而且还试图找到一种具有持续弹性或常规变革之能力的组织形式和政治形式。传统官僚体制已经显示出稳定的（其实是超稳定的）能力。[6]新公共行政在寻求可变结构的过程中因而倾向于用修正的官僚组织形式进行试验或者倾向于倡导这些修正的官僚组织形式。分权、授权、终结、项目、契约、评估、组织发展、责任扩大、面对面接触以及顾客参与，所有这
9 些本质上都是刻画新公共行政特征的反官僚制概念。这些概念旨在增强官僚体制变革的潜力和促进增加社会公平可能性的政策变革。

诸如计划—规划—预算系统（PPB）、政策分析、生产率测量、零基预算及组织再造这样的其他组织工具也可以被视为增进社会公平的变革之道。上述这些组织工具几乎总是作为一种基本的策略通过良好管理的形式出现，因为正面地倡导变革是不明智的。[7]然而，就事实而论，这些组织工具可以用来作为基本的变革手段。无论是政策分析，还是生产率测量，它们对于确定公共成本和收益的质量和分配都具有根本意义。计划—规划—预算系统和零基预算都是挑战现存公共支出模式和对一些有望实现特定目标的公共项目进行规划的有用工具。组织再造是为了最好地满足公共需求而对组织技巧重新进行组合的一种基本工具。所有这三个概念都只具有表面的中立性或良好管理特性。在这种外表之下，它们则是行政人员和行政首长试图促成变革的手段。难怪它们在公共行政学术圈中受到如此广泛的拥护。而且，很自然，在"多元主义"（pluralist）阵营中的经济学家和政治学家则认为，诸如计划—规划—预算系统这样的手段对他们的民主政府概念造成了根本的威胁。[8]尽管计划—规划—预算系统、生产率测量以及政策分析从变革方面来看更为精巧，但是，它们同组织发展、项目、契约、分权等诸如此类的更为正面的变革技巧都属于同一种类。所有这些都可以促进变革，而且变革对于新公共行政具有根本意义。

新公共行政对社会公平的承诺蕴涵着一个强势的行政性政府或执行性政府——亦即亚历山大·汉密尔顿（Alexander Hamilton）所谓的"行政部门的能量"（energy in the executive）。政府行政部门所具有的政策制定权已逐渐被人们所认可。
10 此外，一种全新的政治接近和代表形式目前正出现在政府的行政部门之中，而且，对于重大的政策决策来说，这种形式的政治接近和代表可能同立法接近或代表一样地至关重要。新公共行政不仅试图尽可能有效且经济地贯彻执行立法机关制定的法令，而且它们两者也都试图影响和执行更普遍地改进大众生活质量的政策。如果行政机构是基本的政策战场，那么公务员直率的政策倡议就是必不可少的。政策倡议和管理一样有悠久的历史。有哪一个部长或局长不试图改进部门的预算、薪水、设备和收益呢？而且，肯定没有哪一个人会希望一个警察局长、学校校长或国防部长不相信自己机构的功能对于这个政体的福祉至关重要。新公共行政所强调的不是自己机构的福祉，而是自己机构的社会目的——不过，它承认两者同样重要。

传统公共行政强调的是开发和强化旨在处理社会问题的制度。然而，公共行政

所关注的焦点已经倾向于从问题转移到制度。新公共行政试图重新将所关注的焦点放在问题上，并且试图考虑可以用来解决所面临问题的备选制度方法。诸如都市贫困、失业以及保健这类公共问题的棘手性使公共行政人员严重地质疑是否应该对一些似乎反倒使问题恶化的制度投入更多的经费和人力。因此，他们试图要么纠正这些制度，要么开发一些旨在解决诸如此类问题且更容易变革的新制度。新公共行政对国防的关注程度远胜过对国防部的关注，一方面对行政机关人力需求的关注程度以及另一方面对社会就业需求的关注程度都远胜过对文官委员会的关注，对设计解决公共问题之替换手段的关注程度远胜过对建立制度的关注。这些备选
的制度方法无疑具有某些可以被认可的组织特性，因此，我们将不仅需要建立并 11
且维护这些备选的制度方法，而且我们还要设法尽量避免这些备选的制度方法变成顽固且不负责任的官僚体制，较之这些官僚体制最初打算改进的社会状况而言，这些官僚体制本身却变成了更大的公共问题。

从对制度建立与维护的强调向对社会异常的强调的转变在公共行政领域明显具有类似性。公共行政领域的最后一代学生一般都既接受赫伯特·西蒙（Herbert Simon）的逻辑实证论又接受他对所谓基于经验之组织理论的号召。他们聚焦于诸如决策、角色和群体理论这样的属概念，以开发一个可推广的组织理论体。他们所寻求的是所有组织背景中行为的共性。[9]因此，组织及其人员都是经验指称对象。结果通常不是规定，而是描述，而且，如果结果是规定，那么结果则规定怎样从内部更好地管理组织。所关注的主题首先是组织，其次才是组织的类型——私人组织、公共组织或志愿组织。这一代所出现的两个主要的理论体分别是决策理论和人类关系理论。它们两者都被视为行为理论和实证主义理论。而且，它们两者受政治科学的影响程度至少不亚于其受社会学、社会心理学及经济学的影响程度。[10]

新公共行政的倡导者可以被贴切地描述为“后行为主义者”（post-behavioral-ists）。与后行为主义者的前辈不同，后行为主义者所强调的是公共行政的公共部分。尽管后行为主义者承认尽可能科学地认识组织的行为方式和行为原因很重要，但是他们往往倾向于更加关注组织与其服务对象之间的相互影响。尽管后行为主义者也许对于自然科学模型之于社会现象的可应用性不太乐观，但他们并不是反实证主义者或反科学主义者。他们不可能会把行为主义作为试图描述公共组织行为方式
的理论基础。他们也不想以行为主义作为追求所谓中立的幌子，他们只不过是怀疑 12
那些宣称科学工作者的客观性而已。

后行为主义者试图利用科学技巧来帮助分析、试验和评估政策备选方案和行政模式。简言之，较之其前辈，后行为主义者具有更少的“一般性”（generic）和更多的“公共性”（public）；具有更少的“描述性”（descriptive）和更多的“规定性”（prescriptive）；具有更少的“制度取向”（institution oriented）和更多的“服务对象效应取向”（client-impact oriented）；具有更少的“中立性”（neutral）和更多的“规范性”（normative），而且，后行为主义者不希望减少科学性。

1.6 参与

新公共行政对回应性和社会公平的承诺蕴涵着参与。新公共行政的有些倡导者强调内部参与。公务员参与和影响其工作政策的能力之积极效应已经在经验上得到了证实。公开且充分的参与决策过程长期以来一直都是良好管理实践的准则。新公共行政的另一些倡导者则强调的是政策制定过程中的公民参与。那些从事地方政府实践或者教授地方政府课程以及同所谓街头官僚共事的人们最常持有这种观点。因此，公民参与、邻里控制、分权以及民主的工作环境都是新公共行政的标准主题。

以上是从一个分析人员的视角对新公共行政所做的简要且粗浅的描述。如果说这种描述即便只是部分准确的话，那么，公共行政领域正在发生的根本变革显然不仅对政府的一般行为而且对公共行政的研究和实践均具有显著的影响。

注释

[1] Woodrow Wilson, "The Study of Administration," *Political Science Quarterly*, 2, no. 1 (June 1887) as reprinted in 56 (December 1941), 493-509.

[2] Leonard D. White, *Introduction to the Study of Public Administration* (New York: Macmillan Company, 1926).

[3] John C. Honey, "A Report: Higher Education for Public Service," *Public Administration Review*, 27 (November 1967), 294-321; Frederick C. Mosher, *Democracy and the Public Service* (New York: Oxford University Press, 1968).

[4] Herbert Kaufman, "Administrative Decentralization and Political Power," *Public Administration Review*, 29 (January-February 1969), 3-15.

[5] Dwight Waldo, "Scope of the Theory of Public Administration," in James C. Charlesworth, ed., *Theory and Practice of public Administration: Scope, Objectives and Methods* (Philadelphia: The American Academy of Political and Social Science, October 1968), pp. 1-26.

[6] Ibid.

[7] Anthony Downs, *Inside Bureaucracy* (Boston: Little, Brown, 1967).

[8] See especially Charles L. Schultze, *The Politics and Economics of Public Spending* (Washington, D.C.: The Brookings Institution, 1969), and Aaron Wildavsky, *The Politics of the Budgetary Process* (Boston: Little, Brown, 1974).

[9] Charles Lindbloom, *The Intelligence of Democracy* (New York: The Free Press, 1966).

[10] See especially James March and Herbert Simon, *Organizations* (New York: John Wily & Sons, 1958).

第 2 章

新公共行政的时代背景

本世纪我们成功的根本工具既不是我们的军事威力，也不是我们的财富，而是我们最成功的社会发明——现代组织。当我们美国人已经步入 20 世纪最后 25 年的时候，我们还很少意识到拥有其武力和控制装备的现代组织已经成为我们生活中的主导力量，它不仅塑造和改变着美国人的价值观，而且还促使美国人适应它的要求。现代组织已经悄然地对我们产生了根本性的影响，以至于我们几乎没有意识到它们竟然是我们社会控制的主要机构。我们就像接受电视商业广告般不加思索地将现代组织视为理所当然的了。 13

——威廉·G·斯科特和戴维·K·哈特：
《组织的美国》

新公共行政是于 20 世纪 60 年代末 70 年代初作为对若干促进因素的回应而出现的，这些促进因素中最著名有越南战争、频繁的种族骚乱、对公共行政智力基础的持续不满以及社会科学学科领域正在发生的普遍转向。有三本重要的文献被人们普遍视为新公共行政的代表作，这三本重要文献是弗兰克·马里尼主编的《走向新公共行政：明诺布鲁克的观点》，德怀特·沃尔多撰著的《骚乱时代的公共行政》以及 H·乔治·弗雷德里克森撰著的

《20世纪70年代的邻里控制》，它们很适合用来说明实际上并不存在一种**单一**的新公共行政或“**新公共行政学**”。[1]相反，对于社会科学领域正在发生的情况以及如何将其应用于公共问题，倒是存在着各种丰富多彩的解释。与新公共行政相关的价值观多种多样，而且，这些价值观也并非总是一致的。因此，我强烈反对只有一个
14 公认的新公共行政及其模型并且完全否定该领域过去的理论和规范的观点。这也就是说，新公共行政中的新东西直接来自于指导传统公共行政的价值观。而且，新公共行政在逻辑上也是出自对社会科学领域新知识的集聚以及将那些社会科学在公共问题上的聚焦。如果事实果真如此的话，那么新公共行政就具有一个丰富而重要的世系。对这个世系的描述可能有助于将新公共行政置于时代背景之中并且有助于阐明新公共行政的目标。

2.1 政治学

对公共行政的任何考察都应该始于政治学。很显然，政治学是母学科，而且，美国几乎所有的早期公共行政理论家都是政治学家［例如，伍德罗·威尔逊，W. W. 威洛比（W. W. Willoughby），弗兰克·古德诺，伦纳德·怀特，保罗·阿普尔比（Paul Appleby）以及约翰·菲夫纳］。政治学尤其是政治理论传统上一直都最为关注的规范思想和哲学思想现在看来对于公共行政来说极为重要。但是公共行政和政治学一直或多或少地仍然有所不同。

在大学中，公共行政比政治学的内容范围更宽，因为那些学习公共行政或为了将来从事公共行政工作做准备的人不仅要学习政治学，而且更有可能还要学习社会心理学和经济学。[2]在大学的公共事务与公共政策学院中已经出现了公共行政和政治学分道扬镳的情况。[3]我们通过政治学家对政治学这个母学科已经使得这个“特殊儿子”发育不良并且备受冷落现象的偶然发现进一步觉察到政治学与公共行政的分离。但是，正是公共行政学者对其他社会科学理论、架构和模型的集中关注才真
15 正表明了公共行政与政治学分离的重要性。在政府机关中，公共行政之所以一直都不同于政治学，其原因在于，政府机关的工作人员通常都是来自其他学科的专才。这些专才很少有人具备公共行政的教育背景，更不用说政治学背景了。而且，公共行政在某种意义上一直又都比政治学的内容要少，因为作为政治学这个母学科的一个子学科，公共行政不仅与其母学科的关系不太融洽，而且它还一直在热切并富有成效地在其他学科中寻找自己的“父学科”（fathers）。

大部分政治学家都很乐意承认官僚体制的规模与权力。弗朗西斯·E·罗克（Frances E. Rourke）认为：

> 现代生活中各种各样的情况——例如，专家知识在政策形成中的分量越来越重——不断地将官僚体制推上统治过程中的杰出位置…… 尽管这种官僚权力部分地依赖于作为专长来源的公共机构非凡的能力，但是它部分地还在于行

> 政机构已经成为动员政治能源和支持的主要中枢。结果，业已成为现代国家主要决策场所的不是政党政治，而是官僚政治。[4]

因此，我们可以合乎逻辑地假定，对于政府学的学习者来说，官僚体制将会成为一个重要的主题。然而，大量应聘执行政府项目的男女职员——官僚——也许是美国政府中很少被研究（至少被政治学家研究）的角色。最近对政治学家研究和成果发表习惯的一项调查表明，政治学领域发表的文章只有7%涉及官僚体制和政府的行政部门。要理解现代公共行政，我们必须超越政治学。

这种观点的另一种表述方式就是断定公共行政不是一门社会科学或一门学科，而是社会科学（和其他科学）之于公共问题的应用。公共行政是一个主题、一个专业、一个领域。公共行政连接各相关学科，而且它汲取各学科的相关部分并将其应 16
用于公共问题。这并不是说公共行政没有学术或科学的创造性。事实上，正是这种连接和应用功能才赋予公共行政最振奋人心的知识推力。对于公共行政这样的一门学科来说，其实现科学突破的潜力至少像其他相关学科的潜力一样大。

托马斯·库恩（Thomas Kuhn）《科学革命的结构》一书的出版已经促使社会科学的每一个领域都在忙于寻找自己的范式。[5]令人好奇的是，不再认同公共行政的政治学家往往会认为公共行政领域在理论上很贫乏。实际上，现代公共行政有五个主要模型，每一个模型都有自己的主要理论家、经验指称对象、基本假定、假设和规范。但是，这些模型所基于的研究和文献在政治学中都找不到。公共行政的理论丰富程度之所以明显高于政治学的多数其他领域，其原因主要在于公共行政是一个“借用的”（borrowing）领域。但是，这些理论或模型的阐释和比较通常在它所借用的领域：社会学、社会心理学、经济学以及其他学科。

为便于阐释，公共行政的五个“模型”（models）常常被用来对公共行政进行组织和归类。这些模型是以理论的话语加以陈述的，用理论来意指实证的或基于经验的知识。本章的第二个目的是从价值方面来讨论和比较这些模型，利用价值来超越经验支持的论据，进而在当代政治哲学中找到关于良好政府、伦理行为以及合理道德推理之构成要素的论据。因此，价值（规范）被视为意指所讨论模型内部或潜在的规范性假定以及支持这些模型的道德推理过程。当阐明了这些模型之后，我们便 17
从价值方面描述了新公共行政，并且勾画了新公共行政和这五个模型之间的世系。

2.2 新公共行政的五个模型

当代公共行政的五个基本模型在此分别被称为：古典官僚模型（the classic bureaucratic model）、新官僚模型（the neobureaucratic model）、制度模型（the institutional model）、人类关系模型（the human relations model）以及公共选择模型（the public choice model）（参见表2—1）。虽然这些模型的称呼并不是特别重要，但是它们却越来越常用，除了新官僚模型可能会有所例外。归入这一类的理论家可能会认同其他类别中的一类或者会完全反对被归类。相对于这五个模型的完整性，理论家的分类（尽管在专业上有风险，但是也）并不太重要。在描述这些模型及其理论特征和规范特征时，我们不难发现，尽管有人试图阐明每一个模型内在的完整性，但是有些理论家实际上却具有混杂性（hybrids）。这每一个模型的研究文献和综合文献都发展得非常充分以至于我们没有必要再对这种文献进行回顾。我们假定读者对这些文献和主要理论家有所了解。因此，我们在考察这些模型的理论和价值时附带做了这些防止误解的说明。

18 **表 2—1** **五个公共行政模型**

理论及理论家	经验焦点（分析单位）	特点	最大限度追求的价值
古典官僚模型 泰勒 威尔逊 韦伯（Weber） 古利克（Gulick）、厄威克（Urwick）	组织 生产群体 政府机构 官僚组织 工作群体	结构，等级制度，控制，权威，政策—行政的二分法，指挥链，命令统一，控制幅度，功绩任命，集权	效率 经济 效益
新官僚模型 西蒙、西尔特（Cyert） 马奇（March）、戈尔（Gore）	决策	逻辑实证主义的，运筹学，系统分析，控制论，管理科学，生产率	理性 效率 经济 生产率
制度模型 林德布洛姆（Lindbloom） J. 汤普森（J. Thompson） 克罗泽（Crozier） 唐斯（Downs） 莫舍 埃兹奥尼（Etzioni） 布劳（Blau） 里格斯 19 V. 汤普森（V. Thompson） 塞尔兹尼克（Selznick）	决策（理性） 决策（渐进的） 组织行为（开放系统） 组织行为 个人行为和组织行为 官僚组织和专业 比较组织行为（权力） 组织行为（交易） 组织和文化 组织行为 组织行为（有机体的）	经验的，实证主义的，官僚制是文化的一种表现形式，官僚行为模式集中关注的是生存、竞争、技术、理性、渐进主义、权力	科学 “对组织行为的中立分析” 渐进主义 多元主义 批判主义
人类关系模型 麦格雷戈 利克特（Likert） 本尼斯（Bennis） 阿吉利斯（Argyris）	个人与工作群体 主管/员工关系 主管/员工绩效 行为改变 行为改变	人际关系和群体间关系，沟通，制裁，激励，变革，培训，共享的权威，程序矫正，共识	员工满意 个人成长 个人尊严
公共选择模型 奥斯特罗姆 布坎南（Buchanan）、塔洛克（Tullock） 奥尔森（Olson） 米切尔（Mitchell） 弗罗利奇（Frohlich）、奥本海默（Oppenheimer）、杨（Young） 尼斯坎南（Niskanan）	组织/顾客关系和公共物品分配 分权的重叠结构 作为市场的公共部门 顾客群体规模和公共服务分配 分配 领导与物品分配 签订绩效合同	反官僚的，将经济逻辑应用于公共服务分配问题，高度的分析性，市场类似物，合同，小型，分权化，交易	公民选择或服务 平等接受服务 竞争

古典官僚模型

如果说美国的公共行政实践存在一个主导的现实的话，那么它就是古典官僚模型的持久存在。官僚模型有两个基本的构成要素：一个是组织的结构或设计，另一个是在组织设计范围内对人员和工作进行管理的手段。马克斯·韦伯（Max Weber）的“理想类型”（ideal type）便是理解官僚制结构方面的总起点。

在中央政府中，等级制和官僚制可以典型地表现为全神贯注于各种组织图以及 20
使人员配置适合于那些组织图（乃至将那些组织图交由“权威人士”正式签署），与此同时还表现为工作描述、人员分类以及薪酬规模的精心开发。马克斯·韦伯在描述等级制时也考察分等级组织中人们所展现的某些行为模式，例如，保存详尽记录的倾向、设法使命令协调一致的倾向以及诸如此类的倾向。

就管理和微观方面而言，古典官僚模型始于弗雷德里克·温斯洛·泰勒（Frederick Winslow Taylor）的科学管理并且可以追溯至从他最初通过实践和运动研究来理解生产率的概念到现代测量生产率的种种企图。[6]在古典官僚模型中，结构和管理是紧密相连的。我们可以在关于组织再造的文献中看到这种联系的最明确表达。当管理或生产率陷入困境时，诉诸组织再造、机器再设计、重新建构便是官僚机构的标准做法。[7]等级制和管理控制仍然是美国公共行政的经验事实。其实，赫伯特·维尔考克斯（H. Wilcox）根据其同子女一起进行的研究强有力地论证了管理控制和层级节制在很大程度上仍然是西方文化尤其是美国文化的一个组成部分，因而，对于这种文化的产品来说，我们很难想象，除了分等级的方式之外还有什么方式可以建构复杂的组织，或者说，除了通过传统的控制手段之外还有什么手段可以管理复杂的组织。[8]

古典官僚模型的问题在于，实际工作者和学者都试图利用严格的应用科学进行组织的设计或组织的管理。认为管理或设计一个特定组织有所谓“最佳途径”的假定显然是错误的。赫伯特·西蒙在其将这些所谓的科学原则称为“谚语”的著作中
恰当地批评了早期许多对组织结构和管理进行科学研究的企图。但是，提出存在或 21
不可能存在严格的组织设计科学或管理科学并不等于说结构和管理不重要。谁都不会明显地提出随意安排员工，谁也不会假定一个复杂的组织在没有任何手段可以促使其员工以一种合作有效的方式安排自己的情况下会产出成果。于是，问题一直都是开发一门组织设计的科学或一门管理科学；事实上，问题在于要创造与满足员工需求和“公众”愿望的组织目标相符合的设计。

由古典官僚模型的开发者表达的价值现在和它们 50 年前一样有效、可信。在我看来，为了可用的资金（严格地说为了效率）而尽可能彻底地执行一项公共职能，这对于公共行政的任何理论或模型而言都是极为重要的。与此相类似，为了尽可能少花钱（严格地说为了经济）而实施公共项目对于任何有效的公共行政概念都同样具有不可或缺性。任何一个组织都应该尽可能地提高生产率，也就是说，提供与集体表达的需求相称的服务数量和服务质量同样也是公共行政的基本

价值。

因此，效率价值和经济价值便是新公共行政的组成部分。于是，问题便不是古典官僚模型想要最大化的价值，而是假定效率、经济以及生产率可以得到实现的方式。等级制、管理控制、权威以及集权并不像早期官僚理论家所相信的一样合乎逻辑地与这些价值的实现有关联。其实，这些组织理论家（在此被归类为新官僚学派或人类关系学派）的著作有许多论及的都是证明效益、经济和效率是放松控制、减少层级节制以及破除独裁主义领导风格的产物。

新官僚模型

22 新官僚模型是社会科学行为时期的产物之一。这个模型所要最大化的价值总体上类似于官僚模型的价值；因此，它被称为“新官僚的”（neobureaucratic）。在多数其他方面，这些模型则有所不同。官僚模型强调的是结构、控制和行政原则，其分析的单位通常是工作团体、机构、部门或整个政府。所要实现的价值是效率、效益或经济。在新官僚模型中，决策是更常见的分析单位，决策过程则是所关注的焦点。推理模式是“理性的”（rational）；也就是说，决策的目的在于尽可能好地实现某一给定的目标。现代“管理科学”（management science）、系统分析以及运筹学都是建立在赫伯特·西蒙、詹姆斯·马奇以及理查德·希尔特[9]早期的作品基础之上。虽然这些理论家以其对组织控制的正式模式和非正式模式、理性的限度以及诸如此类问题的深邃认识丰富了自己的作品，但是新官僚学派基本的现代版本依然保留着产生于逻辑实证主义的初始手段—目的逻辑。显而易见，新官僚模型的手段—目的分析与官僚模型的政策—行政二分法极为相似。运筹学、系统分析、政策分析以及管理科学的目标在本质上同官僚学派理论家的目标是一样的。然而，他们的作品非常精致并且很有助于效率、经济和生产率的实现。

除了我们在新的标题之下从现代公共行政中所能看到的情况之外，我们可能还找不到更好的迹象表明那些驱动古典官僚模型设计者或记述者的价值之深远效度。
23 从本质上来看，在《公共行政评论》最近一期专题论丛的主题“生产率测量”方面利用惊人的数字精确度所正在追求的正是这些同样的价值。[10]这个专题论丛的读物清楚地表明，当代公共行政在试图通过测量方法而不是通过结构与管理方法实现生产率方面其实并没有很大的差异。诚然，尽管当代公共行政研究具有更多的科学性和分析上的精致性，但是它们仍然在追求古典官僚范式的价值基础。现代政策分析的研究途径着实使得行政人员或学术界能够比过去更加有效地评价公共项目的运行后果或运行结果。然而，现代政策分析家和生产率测量或许像古典官僚范式一样缺乏逻辑联系。如果说认为等级制、集权、管理控制将会实现效率、经济和生产率的假定是错误的话，那么认为政策分析将会实现那些目标的假定可能也是错误的。而且，认为上述两个途径都必然是民主控制政府或大众控制政府之友的假定可能也是错误的。与此同时，同样很清楚的是，实现效率、经济和效益之理性决策的潜在价值对于公共行政领域的规范对话无论是现在还是将来都永远是至关重要的，而且它们对于新公共行政肯定也是至关重要的。然而，问题有两个：一是如何实现这些价值？二是这些价值与其他对于公共行政也应该至关重要的价值有必然冲突吗？

制度模型

制度模型[11]是20世纪40年代、50年代以及60年代许多社会科学家研究成果的结晶。就其基本的表现形式而言，制度模型较之最初描述官僚结构的著作在方法论上更加严谨；因此，其研究成果将会有更强有力的经验保证。制度模型是行为时期的表现形式，在社会学和政治学领域尤其如此。我们可以在大学校际案例项目 24
（Inter-University Case Program）所产生的研究成果中找到这个模型早期经验丰富的版本。

制度学派的理论家往往较少地关注如何设计有效率、有效益并且有生产率的组织，而更多地关注怎样分析和理解现存的官僚体制。这些学者究其观点而言一般都具有“实证主义”（positivist）倾向，他们在复杂组织中寻求秩序或者是寻求可识别的官僚行为模式。被归入制度学派的公共行政学者与其说似乎关注如何使政府更有效率、更经济或更有生产率，倒不如说他们更希望弄清楚复杂组织的运作方式。

归入这一类的作品如詹姆斯·汤普森对组织行为的著名综合，它是现代社会科学中较为完备的模型之一。[12]弗雷德里克·莫舍对行为或特定公共官僚职业集团的分析与综合兼具丰富的经验性和逻辑性。[13]阿米太·埃兹奥尼（Amitai Etzioni）对复杂组织的比较分析同官僚体制行为特征的整合一样完备。[14]行为时代的“科学家”（scientists）大大地促进了人们对官僚行为的系统性认识。尽管尚未产生一个众所公认的模型或范式，但是在“组织理论”（organizational theory）的标签之下普遍出现了一个知识体。公共行政学者既是组织理论的系统用户，又是组织理论的促进因素。

倘若组织理论和制度模型诚如在此所宣称的那样已经得到了很好的发展，那么，这个知识体所赖以存在的规范基础是什么呢？

犹如其传统，行为学派的学者只不过是游走于规范问题的边缘而已，他们宣称他们的任务在于描述组织，而不是规定问题的答案。然而，在制度模型中存在着强烈的规范潮流。这些潮流之一可以被描述为相关学派中的那个具有以下特征的学派：它不仅对官僚体制有所分析，而且发现官僚体制很强大，它抵制变革，看似超 25
越了立法控制或行政控制，倾向于对其技术进行隔离和封锁，保证其岁入来源，并且倾向于主要关注生存。在识别了这些行为模式之后，学者要么发现官僚体制不好，我们应该想办法控制它，要么发现这只是一个自然现象，是一个复杂且先进的社会在希望政府提供服务的情况下所必须付出的代价。

查尔斯·林德布洛姆是少数几个致力于捍卫制度模型价值的战将之一，他认为，理性不仅不可能，而且也是不受欢迎的。他在其《民主的智慧：通过相互调适来决策》一书中指出，官僚体制以渐进的方式做出决策，这些决策是决策交易和妥协（实际上是利益集团精英的交易和妥协），而且，它们将政府逐渐地推向模糊的目标。[15]此外也是最重要的一点，这实际上是民主政府应有的工作方式。只有通过渐进决策才能使官僚机构的专业知识和技能同民选官员的政策偏好和政治倾向整合在一起。渐进决策观点的反对者宣称那只不过是对一个无效政府系统现在的运作方式所做的一种狡辩而已。在“描述民主”的幌子下，他们具体分析和证明了民主体系的弱点。在经验主义的名义下，他们断言：要么“那就是事物在复杂组织中的存在方式并且真的没有太多的办法可以对其进行处理”，要么“那就是事物在复杂组织中的存在方式并且那也许正是它们应有的方式”。

人类关系模型

人类关系模型在许多方面都是对古典官僚模型和新官僚模型的一种反应。官僚
26 理论对控制、结构、效率、经济和理性的强调实质上促成了人类关系运动的发展。追溯霍桑（Hawthorn）实验和艾尔顿·梅奥（Eleon Mayo）及其同事的著作，人类关系运动已经演化成为一个具有高度经验支持并且极富研究内涵的理论体，其中，社会心理学家往往已经成为中流砥柱。也许，对公共行政专业的学生有影响的两部力作一直都是任西斯·利克特（Rensis Likert）的《人类组织：其管理与价值》和丹尼尔·卡兹（Daniel Katz）与罗伯特·卡恩（Robert Kahn）的《组织的社会心理学》。[16]

人类关系模型主要在群体动力学、敏感性训练以及组织发展方面有其应用表现。对这些训练运动的强调明显地反映了人类关系模型的价值基础：决策中的员工和顾客参与、地位分化的减少、人际竞争的减少以及对开放、真诚、自我实现和普通员工满足感的强调。古典官僚模型和新官僚模型（理性决策理论家可能例外）明显是公共组织的经验性象征。然而，关于人类关系模型对政府行政的影响，有一个值得重视的问题。如果说曾有过影响的话，那么这种影响似乎也是微不足道的。这并不是说人类关系理论家的经验性研究结果不准确，而是强调这些研究结果更多的是基于实验和检验，而不是基于对现存复杂组织的观察。这也不意味着人类关系运动的价值基础所植基的价值是伪造的。它实际上表明的是，这些价值或许同古典官僚模型和新官僚模型的价值基础处于竞争状态之中。例如，管理控制和共享的权威就可能会发生冲突，犹如效率和程序的修正将会发生冲突一样。然而，人类关系学派还是提供了令人信服的证据表明，在某种情况下，共享的权威和员工满足感同生产率具有正相关性。

27 戴维·K·哈特和威廉·G·斯科特已经对这些模型之间存在的价值冲突做了绝佳的描述。[17]他们首先描述了古典政治理论家托马斯·霍布斯与科学管理之父弗雷德里克·泰勒之间惊人的相似性：（1）人的本性本质上是恶的、怠惰的并懒散的；（2）倘若事实果真如此的话，那么就必须采取控制措施来避免恶人之间的相互破坏；（3）这些控制措施最好采取集权和独裁的方式；（4）尽管对社会（霍布斯）或组织（泰勒）的独裁控制会导致自由的些许丧失，但是这些控制却可以带来物质利益、效率和可预见性。

斯科特和哈特接着描述了让·雅克·卢梭（Jean Jacques Rousseau）的政治哲学和道格拉斯·麦格雷戈之间的相似之处：（1）人生而善良，而组织或政府则可能是恶的；（2）人必须通过一种新的意识，释放情绪的力量以及开发允许开放、诚实和可靠的新结构——人类关系来战胜他们的制度；（3）新结构是以大众意志或共识为基础的，而且，那些不一致的人必须"训练"成为"自由人"。

虽然多数现代人类关系理论家对于卢梭和麦格雷戈的规范都趋之若鹜，但是这些规范在复杂的公共组织中并不占主流。尽管霍布斯和泰勒似乎得胜了，但是人类关系拥护者的训练活动却可能会产生某种影响。

公共选择模型

政治经济学的现代版本现在通常被称为"非市场经济学"（nonmarket economics），或是叫做"公共选择"（public choice）途径。虽然就传统和知识的严谨而言，这个知识体很丰富，但是其经验证据却有所不足。尽管如此，公共选择理论家对美国公共行政正在并且将继续产生一种重要的影响。文森特·奥斯特罗姆最近完成 28
了本质上对公共选择逻辑、公共行政历史与理论以及政治哲学的整合。在其《美国公共行政的思想危机》一书中，他将伍德罗·威尔逊所提出的公共行政观点（他称之为官僚制理论）同公共选择理论家的观点［他称之为"民主行政的范式"（paradigm of democratic administration）］进行了比较。[18] 在奥斯特罗姆看来，威尔逊这一派的观点明显地背离了汉密尔顿和麦迪逊（Madisonian）关于政府本质的观点。然而，他们两者都可以更直接地追溯到霍布斯的政治哲学。威尔逊这一派的官僚范式具有下列构成要素：任何政府体系永远都会有一个主导的权力中心；社会将受控于这个单一的权力中心；而且，权力越统一并越由一个单一的权力中心来指挥，则权力将变得越有责任性；政治领域为行政设定任务，但是行政领域则处在政治的适当范围之外；对一个受过专业训练的公共服务体系进行的完美层级安排为"良好的"行政提供了必要的结构条件；而且，像上述定义那样的"良好行政"的完备性乃是人类文明的现代性和人类福祉的增进所不可或缺的必要条件。[19]

相比之下，奥斯特罗姆对公共选择观点的诠释则是基于《联邦党人文集》或者说基于汉密尔顿和麦迪逊的观点，他认为，公共选择理论具有如下特征：公共物品和公共服务的供给取决于各种不同决策者所采纳的决策，而且，每一项集体事业的政治可行性都取决于整个时期所有基本决策结构中是否有一个有利的决策过程；公共行政处于政治领域的范围之内；各种不同的组织安排都可以用来提供不同的公共物品和公共服务；这样的组织可以通过各种多元组织安排来加以协调，这些多元组织安排包括对双方彼此都有利的交易和契约、竞争性抗衡、裁定，以及有限等级体制中的指挥权；对一个受过专业训练并且向一个单一权力中心负责的公共服务体系 29
进行的完美层级安排，将会降低一个大行政系统回应公民对许多不同公共物品和公共服务之各种不同偏好的能力以及应对各种不同环境条件的能力；在任何一个管辖范围内具有多种否决能力的各种决策中心之间的权威分解以及广泛具有不同规模的多元重叠管辖范围的开发，对于维护一种在瞬息万变形势下能够增进社会福祉的稳定政治秩序，都是必要的条件。[20]

尽管奥斯特罗姆对公共选择途径的诠释也许不会被公共选择理论家所普遍接受，但它肯定是一个最具有理论开发价值的论点。公共选择理论家所信奉的价值很难挑出毛病。公民对服务的选择是迫切的，他们可以通过搬至拥有大量所需服务的城市郊区来实现其对服务的选择。但是，并非所有公民都有这种选择权。辖区或机构之间的竞争也是很诱人的，因为竞争可以普遍地“提高”服务的质量。然而，我们能够承受得起竞争的代价吗？如果说我们能够承受得起竞争的代价的话，那么这种代价有多大呢？如果竞争可以促进效率和经济的话，那么它是否能够为每一个人促进这些价值呢？市场模型在私人部门的应用是否已经导致了广泛真实的顾客选择和高水平的组织生产率？集体联合组织（工会）在私人部门的发展是否已经导致了公民选择范围的减少和生产率水平的降低？而且，随着工会权力的扩增，公共部门是否也会发生同样的情况？

在本章的开头，我就表明了指导传统公共行政的价值——效率、经济、生产率和理性——将会对新公共行政产生重大影响。公共行政的古典官僚模型、新官僚模型以及制度模型都强调了这些价值及其特征。然而，人类关系模型和公共选择模型
30 则有所偏离，因为它们强调的是员工满足感、个人成长、个人尊严以及公民选择权这些价值。在下一章中，我要把这些价值同那些与社会公平有关的价值整合在一起，并且为新公共行政确定一个模型。

注释

[1] Frank Marini, ed., *Toward a New Public Administration* (San Francisco: Chandler Publishing Co., 1971); Dwight Waldo, Public *Administration in a Time of Turbulence* (San Francisco: Chandler Publishing Co., 1971); H. George Frederickson, *Neighborhood Control in the 1970s* (New York: Chandler Publishing Co., 1973).

[2] An interesting example is the compilation of an excellent bibliography in public administration. The bibliography items selected for annotation were based on a sample survey of books used by teachers of public administration. Less than half the books could be categorized as political science. See Howard E. McCurdy, *Public Administration: A Bibliography* (Washington, D.C.: The College of Public Affairs, The American University, 1972).

[3] See especially Dwight Waldo, "Developments in Public Administration," *Annals of the American Academy of Political and Social Science*, 404 (November 1972), 217–245.

[4] Frances E. Rourke, *Bureaucracy, Politics and Public Policy*, 2d ed. (Boston: Little, Brown, 1976), pp. 183–184.

[5] Thomas Kuhn, *The Structure of Scientific Revolutions* (Chicago: University of Chicago Press, 1970).

[6] See the "Symposium on Productivity in Government," *Public Administration Review*, 32, no. 6 (November-December 1972), 739-851.

[7] Frederick C. Mosher, *Governmental Reorganizations: Cases and Commentary* (Indianapolis: Bobbs-Merrill, 1967).

[8] Herbert Wilcox, "The Cultural Traits of Hierarchy in Middle Class Children," *Public Administration Review*, 29, no. 2 (March-April 1968), 222-235.

[9] See Herbert Simon, *Administrative Behavior* (New York: Macmillan Company, 1957), and *Models of Man* (New York: John Wiley & Sons, 1956); James March and Herbert Simon, *Organizations* (New York: John Wiley & Sons, 1958); Richard Cyert and James March, *A Behavioral Theory of the Firm* (Englewood Cliffs, N. J.: Prentice-Hall, 1963).

[10] See "Symposium on Productivity in Government," pp. 731-851.

[11] This designation is taken from Charles Perrow, *Complex Organizations: A Critical Essay* (Glenview, Ill.: Scott, Foresman, 1972).

[12] James Thompson, *Organizations in Action: The Social Science Bases of Administrative Theory* (New York: McGraw-Hill, 1967).

[13] Frederick C. Mosher, *Democracy and the Public Service* (New York: Oxford University Press, 1968).

[14] Amitai Etzioni, *A Comparative Analysis of Complex Organizations* (New York: The Free Press, 1961).

[15] Charles Lindbloom, *The Intelligence of Democracy: Decision-Making Through Mutual Adjustment* (New York: The Free Press, 1965).

[16] Rensis Likert, *The Human Organization: Its Management and Value* (New York: McGraw-Hill, 1967); Daniel Katz and Robert Kahn, *The Social Psychology of Organizations* (New York: John Wiley & Sons, 1966).

[17] David K. Hart and William G. Scott, "The Moral Nature of Man in Organizations: A Comparative Analysis," *The Academy of Management Journal*, 14, no. 2 (June 1971), 241-255.

[18] Vincent Ostrom, *The Intellectual Crisis in American Public Administration* (University, Ala.: University of Alabama Press, 1973).

[19] Ibid., pp. 28-29.

[20] Ibid., pp. 111-112.

第 3 章

社会公平与公共行政

31 虽然人追求正义的能力使民主成为可能，但是人对非正义的偏好却使民主成为必要。

——莱因霍尔德·尼布尔（Reinhold Niebuhr）

人们都普遍相信公共行政的老模型将会衰微并且会出现一个全新的模型。正如托马斯·库恩所表明的那样：理论和模型进化（或退化）的这种模式也许在生命科学、物理科学或自然科学中很常见，但是，我认为，这种情形在社会科学领域并不常见。我的理由很简单并且可以直接追溯到理论和价值之间的联结问题。在许多方面，公共行政都是实施个人、群体、社会阶级或整体社会价值或偏好的工具。尽管这些价值一直在不断发展，但是它们也常常处于竞争状态。无论何时都可能会有一套价值占据支配地位并且强势地主导着公共行政的实践，我认为，古典模型和新古典模型现在就是这样。因此，效率、经济、生产率以及集权就是主导的规范，而且官僚理论以及官僚行为就反映了这种主导性。

如果我们能够接受这些论点的话，那么一个新公共行政的概念将必然始于认为一套不同（但未必全新）的价值应该占支配地位的论点。实践这些价值的往往是人性化的、分权的、民主的并且对公共服务进行公平分配的组织。因此，新公共行政便会力图
32 组织、描述、设计或创立一些推动这些规范的工作组织。对于新公共行政的目标来说，这个诠释明显地要比许多认同该领域的人

将会接受的解释更缺乏抱负。例如，要求“从根本上重建公共行政”（radical reconstruction of public administration）或者要求开发一个“对人类进行重新定向的新模型”（new paradigm that reorients man）便是标准的实践。

这些诱人的观点在学术界常常会受到表面的关注，因为学术界鼓励提出新鲜的理念或打破常规的思想解放。[1]问题的关键点在于，这些观点多数都过于理想而且不切实可行，或者是太抽象而难以操作。如果我们认真对待“新”这个标签的话，那么所有这一切都是可以理解的。如果新公共行政学者和实际工作者更少地担心一个理念是新还是旧，并且更多地担心一个理念可以操作的范围，那么我们就可以发展出一种真正的新公共行政。在很现实的意义上，这之所以是现代公共行政最基本的版本，其原因在于它认出了主导价值并且寻找这些价值能够得以实现的政府手段。

然而，在理论上和规范上都是什么构成了新公共行政？第一，新公共行政必须拒斥行政人员是价值中立或行政理论是价值中立模型的概念。第二，我们必须承认第 2 章表 2—1 中所列的价值具有合法性，尽管它们时常会有所冲突。倘若这些价值发生冲突，在当下美国政治和行政局势下，哪些价值应该处于主导地位？或许更为重要的是，哪些政治调节措施和行政调节措施能够促进对这些价值的追求？表 2—1 列出了一系列或一套似乎关涉当代公共行政的价值或偏好。这一系列价值在这一点上与其说是一个模型，倒不如说是当下我们政治和行政生活中看似最令人信服的模型和价值混合物。这些价值不仅在一种模糊的规范意义上是令人信服的问题，而且它们在现代社会科学中也具有强有力的经验支持，它们在当代美国政治哲 33
学中还具有很好的基础。

例如，对现代社会心理学的考察，尤其是伴随着现代社会心理学对行政行为和复杂组织的影响，我们越来越清楚行政的非权威形式与员工士气、满足感以及生产率具有相关性。于是，新公共行政的这一方面只不过是人类关系模型的一种扩展而已。

还有证据表明，当公民就自己所偏好的公共服务被提供了一系列选择时，他们所选择的往往是被解释为更加关注其一般需要的那些服务，这也就是说，公民选择范围的拓宽等同于官僚体制的回应性。[2]而且，这正是公共选择模型的逻辑结果。有些有趣的研究表明，公民参与和邻里控制的确导致了公民所需服务之管理定义主导地位的瓦解。公民参与和邻里控制看起来似乎导致了一种妥协和调节的模式，这种妥协和调节的模式可以将顾客需要的管理定义调节得与顾客需要的公民定义相适应。[3]这些例子在教育领域特别明显，在教育领域，公民参与、邻里控制以及分权的一般模式都在进行中。这种研究有些还表明，公共行政的价值基础之间存在着消长相克的情况。例如，邻里控制和公民参与在学校决策中也许的确会导致经济和效率的下滑。然而，经济和效率的这种下滑则又被回应性的增强所抵消；某个特定邻里的公民愿意为了他们所偏好的服务模式而放弃某种效率，因为效率这个词可能是从管理意义上被界定的，即便是从传统公共行政的观点来看那种服务模式可能是无效率的，那些公民也愿意那样做。这很适合说明一个公民群体可能会以种种与效益的管理定义或多数人统治选举官员的定义很不一致的方式将一项公共服务界定为有 34
效的。

如果官僚的回应性、决策中的员工和公民参与、社会公平、公民选择以及项目效益的行政责任是现代公共行政要最大限度实现的一系列价值，那么这些价值能够得以实现的结构手段和管理手段又是什么呢？表 3—1 试图排列出假定这些价值能够得以实现的各种备选手段。这并不是要做出一套绝对的因果断言——例如，分权将会导致回应——而只是想表明一些可能性，例如，在政治和行政分权的情况下，出现官僚回应的可能性似乎更大。于是，表 3—1 则试图对经验文献（包括案例研究和其他非量化的分析形式）和公共行政的某些民间传说进行概括和总结。

显然，现代公共行政最令人感兴趣的发展并不是经验性的，而是哲学的、规范的和纯理论的。这些研究成果在此多数都被归入“社会公平”范畴名下。在公共行政领域里，“社会公平”这个短语是作为指涉当代理论和实践质疑者的关切和意见之速记方式而出现的。然而，迄今为止，“社会公平”这个短语尚没有什么实质内容和准确定义。本章剩下的部分有许多内容将会以概要的方式把社会公平描述为对现代公共行政观点的一种积极表达。在此，我将不谈及政府中传统的伦理问题和责任问题。如果我们涉及政府伦理问题和责任问题的话，那么它们将来自社会公平和新公共行政的观点。这不应被视为详细考察公共行政的伦理问题和道德问题。相
35 反，它旨在安排一种探讨公共行政理论建构和公共行政实践的不同途径。

表 3—1　　社会公平的价值，结构与管理

要最大限度实现的价值	实现价值的结构手段	实现价值的管理手段
回应性	分权（政治分权和行政分权） 签约 对街头官僚的邻里控制	顾客同雇员和管理者的日常互动 对民主的管理定义，其中不仅仅包括对民选官员的回应，而且还包括对利益集团和被瓦解的少数群体的回应 培训
决策的中的员工和公民参与	有权的邻里委员会 重叠的工作群体 决策过程的员工参与	接受坚决主张员工和公民对直接影响其生活的决策过程具有参与权的伦理 组织发展方面的培训
社会公平	与地方分配体系一致的区域岁入体系 由社会阶级使其平等的公共服务产出与后果	表明公平的职业伦理准则 对多数人统治不能颠覆少数人享有平等公共服务权利这一原则的管理承诺
公民选择	为了拓宽选择范围而设计各种备选的服务形式 重叠 签约	减少对某项特定服务的管理垄断，例如保健或教育
项目效益的行政责任	分权 委派 绩效目标	测量绩效，不仅根据一般的组织标准进行绩效测量，而且由社会阶级进行绩效测量为谁测量绩效？

公平问题像政府一样是一个老问题。沃尔多指出："美国政府的许多行动一直 36
都不只是歧视性，而且还是大规模的严重歧视。然而，政府行动的目标在很大程度上也一直都在于实现公平；奇怪的是，确保同化和一致的行动有时还具有迟钝和强制的色彩。"他得出结论说："公平对于理解近期和当代的公共行政至关重要。"[4] 人们已经严肃地建议，社会公平应该成为官僚机构和学术界的公共行政人员评估其行为和决定的一个标准。于是，社会公平就如同效率、经济、生产率以及其他标准的使用一样也会成为公共行政的效益标准。在此，我们将更详细地阐释这个标准的理论基础和辩护理由。

每当我们描述行为的伦理或标准时，我们都必须附带提出一个防止误解的说明。就当下的情况而言，社会公平的观点将需要通过首先承认大部分重要的公共决策都具有浓厚的伦理色彩来予以缓冲；公共问题不应简单地屈从于事实分析。如果事实果真如此的话，亦即，如果公务员要成为事件的解释者和影响者，而不是成为决策的制定者，那么指导公务员伦理行为的标准应该包含什么内容呢？诚然，在一种私人关系或社会关系中足以适用于公民的伦理道德标准并不适合于行政人员的公共决策。现在，我们越来越清楚地知道，这些行政人员所面临的决策问题就其伦理内容和后果而言很少是非黑即白的问题。通常真的不存在任何所谓"唯一的最佳方法"（best way），相反，倒是应该制定一个决策来最大限度地增加给定有效资源条件下能够达成的最佳成果并且最大限度地减少消极的负面影响。最后，我们必须承
认这样一个命题：如果政治组织和行政组织具有开放性、公共性和参与性，那么它 37
们本身就是行政道德的最佳保护者。于是，在这个背景下，我们所追求的是发展一种公共行政的社会公平伦理。

3.1　理论和定义

在本书的第一章中，我提到传统的和古典的公共行政试图回答以下这些问题：(1) 我们怎样才能利用有效的资源提供更多或更好的服务（效率）？(2) 我们怎样才能在节省支出的同时保持我们的服务水平（经济）？新公共行政另外又增加这样一个问题：这种服务增进了社会公平吗？

说一项服务可以得到很好的管理以及一项服务可能很有效率并且很经济，这实际上仍然是在乞求这样一些问题：为了谁很好地管理？为了谁追求效率？为了谁追求经济？我们已经在公共行政中普遍地假定了一种与公众相一致的便利的同一性。我们没有把我们所关注的焦点放在社会环境和经济环境的变化问题上。无论在理论上，还是在实践上，我们都可以很方便地假定公民 A 和公民 B 是一样的并且他们双方都可以以同样的衡量标准来接受公共服务。尽管这个假定可能很方便，但是，它既不符合逻辑，又缺乏经验上的准确性。环顾四周，我们可以看到富足与贫穷、就业与失业、健康与疾病、知识与无知、希望与绝望。现代公共行政不能假定这些情况不存在。诚然，多元主义的政府（实行多数人统治原则，与有特殊门路的强势

少数群体相结合）有计划地支持顽固且稳定的官僚体制及其特殊的服务对象——并且歧视那些缺乏政治资源和经济资源的弱势少数群体。这样一来，普遍而极度的不公平便永久存在。这种普遍极度不公平的长期持续存在势必对这个政治体系或任何政治体系的持续存在造成威胁。对财富的持续剥夺滋生着绝望及其同伴，孕育着愤
38 怒和好战。如果公共行政不能为了实施一些力图处置这种剥夺的变革而有所作为的话，那么它最终很可能会被用来压制被剥夺者。

于是，新公共行政所努力追求的便是公平。《布莱克法律字典》从最广泛和最一般的意义上对“公平”作了如下界定：

> “公平”意指公正和正当的精神和习惯以及分配谁将会调控人与人交往的权利——亦即所有的人对待他人的行为规则；或者说，如同加斯汀尼安（Justinian）所表达的那样，“诚实地生活，不伤害任何人，公平对待每一个人。”因此，它是自然权利或正义的同义词。但是，在这个意义上，公平的义务与其说是法律的，倒不如说是伦理的，关于公平问题的讨论属于道德的范围。它根基于意识的箴言而非成文法的制裁。[5]

于是，公平问题便是我们将会发现的一个伦理问题。我们也会发现它是一个法律问题。

当下支持政府中公平概念的一流理论家当数约翰·罗尔斯（John Rawls）。他在其《正义论》一书中为基本的公平伦理设计了一个极好的框架。当谈及美国的政府制度时，罗尔斯说道：“对我们来说，正义的主题是社会的基本结构，或者更确切地说，是主要社会制度分配基本权利和责任以及决定社会合作收益分配的方式。通过主要的制度，我理解了政治章程以及主要的经济安排和社会安排。”[6]

于是，正义是基本原则而且它支配着罗尔斯伦理形式的其他原则。罗尔斯在其理论的一开始就界定了个人或公民，他说：

> 每一个人都具有建立在正义基础之上的不可侵犯性，即便是社会这个整体的福利也不能凌驾于其上。正因为如此，正义不相信为了他人共享更大的善就
> 39 可以正当地使某些人丧失自由。正义也不允许为了成全所谓多数人更大的利益而强行地牺牲少数人的利益。因此，在一个正义的社会里，平等公民资格的自由被视为永恒不变的；正义所保证的权利不受政治交易或社会利益计算的支配。[7]

罗尔斯在发展其理论时提出了一个能够用来阐述公平原则的理性方法或技巧。第一个也是最重要的理性技巧便是“初始地位”（original position）的概念。初始地位构成了在最基本正义原则上的一致，社会的所有基本结构（社会结构、经济结构和政治结构）都将会以这些最基本的正义原则为基础。所出现的这些正义原则不仅具有决定性，而且对于所有的人都具有约束力：“因为这种初始的一致具有决定

性并且永远地达成了，根本不存在任何第二次更改的机会。”[8]在这种智力条件下，我们有必要将罗尔斯所谓的“无知之幕”（a veil of ignorance）描述如下：

> 首先，谁都不知道自己在社会中的位置、阶级、职位或社会地位；谁也不知道自己在自然财富和能力分配方面的运气、自己的智力和实力以及诸如此类的条件。而且，谁也都不知道自己对善的理解、自己合理生活计划的细节甚或不知道自己的诸如厌恶冒险或乐观或悲观倾向这样的心理特征。除此之外，我还假定相关各方都不知道他们自己社会的具体情形。也就是说，他们不知道自己社会的经济状况或政治状况，或是说不知道文明的水平以及这个社会业已能够达到的文化条件。处在初始地位的人们根本不了解自己属于哪一代人。[9]

显然，任何带有无知之幕并且在初始地位概念之下为社会行为、经济行为和政治行为制定规则的人都会小心谨慎地系统阐述一些无论其社会地位如何他们都会接受的规则。戴维·K·哈特是这样来诠释罗尔斯的：“在不了解具体情况时，他们不知道自己将会属于强势群体还是弱势群体。于是，智慧告诉人们所选择的 40
正义原则必须改进最弱势一方的状况，因为每一个人都可能很容易沦为那个弱者。”[10]

为了使这个理论更具有操作性，罗尔斯接着提出了两条正义原则：“第一条原则是，每一个人都平等且广泛地享有基本的自由权利。第二条项原则是，社会不平等和经济不平等应该调整成以下状态：（1）与正当挽救原则相一致，使最弱势的群体享有最大的利益；（2）在机会平等的等条件下，将政府职位向所有人开放。”[11]

于是，这两条原则就应该像我们所理解的政府中的现存权利那样成为一种具有同等重要性的权利或秩序。哈特进一步说道：

> 按照罗尔斯的观点，对这条正义原则的接受意味着社会的集体努力必须照顾其弱势成员的利益。这并不意味着所有的不平等将会消失并且所有的利益将会得到平等的分配以实现全社会的平等。在收入和地位方面仍然还会有差异。但是，每一个人应该享有的基本利益（primary goods）（例如自尊、权利和自由、权力和机会、收入和财富）都应该得到起码的保障，而且这些起码的利益需求必须得到满足。[12]

罗尔斯说，这是“一个具有浓厚平等主义色彩的概念，如果没有一种分配方式使得两个人都有所改善（为了简化起见，我们仅限于两个人的情况），那么平等分配就应该是可取的”[13]。

哈特认为，自尊是罗尔斯所提到的基本目标中最重要的目标。他说：“什么东西都不允许贬低人的自尊，任何人也都不可以被当作工具加以使唤…… 因此，每一个社会制度或行动都必须促进每一个人的自尊，无论是最弱势的群体，还是最强

41 势的群体，因为个人的自尊是一个公正社会的基础。”[14]

显然，罗尔斯的正义理论在很大程度上不同于当代其他的道德推理模式。罗尔斯之所以提出这种理论，其原因不是由于它本身是好的或正确的，而是由于人们越来越重视人与人之间使得优势和劣势的概念越来越不被人们所接受的相互依赖性。正义是一个关于贵人行为理应高尚的普遍道理或人们普通持有的一种永恒观念。罗尔斯说：“就作为公正的正义而言，人们同意分享彼此的命运。在设计制度时，只有他们许诺利用自然界事件和社会环境的前提是为了共同利益时他们才同意这样做。”[15]因为并非人人生而平等，所以强者负有一种为他人服务（包括为弱者服务）的道德义务，之所以如此，并不是由于利他主义的原因，而是因为人类相互依赖的重要性。诚如哈特所言：“人之所以服务，是因为正义需要这样做，而且，其结果是自尊的不断改善。于是，正义的行动不仅为人类生活创造了最优条件，而且还是自我理性化中的主要因素。”[16]

尽管这种理论和定义都很有趣，但是我们却生活在一个由非常复杂的大型组织构成的世界之中，在这些复杂的大型组织中，我们很难应用这样的概念。这还是一个其中组织倾向于将其自身的需要凌驾于个人需要和目标之上的世界。问题在于如何使复杂的组织对个人的需要负责。这就要求超越组织的规则和惯例来给予公民个人的自尊和尊严某种关心。罗尔斯的正义理论旨在让组织的管理者知道，个人的权利无论何时何地都会受到保护。

哈特将这种探讨社会公平的途径总结如下：(1) 正义论将会提供具有伦理内涵的社会公平。对正义论的接受将会为公平的公共行政人员提供一些清楚的、发展良
42 好的伦理准则，这些伦理准则将会给社会公平注入它现在所缺乏的力量。(2) 正义论可以提供必要的伦理共识——公平的公共行政人员不仅有责任而且有义务为弱势群体造福。(3) 正义论将会对所有复杂的公共组织施加限制，因为任何组织都不允许侵犯个人的基本自由。(4) 正义论提供解决伦理僵局（初始地位）的手段。(5) 正义论将会为公共行政提供一个要求致力于社会公平的职业准则。[17]

3.2 内在公平

尽管所有这一切在理论上可能都是美好的，但是在实践中它又意味着什么呢？事实上，我们的政府体系正越来越趋向于在此所阐释的社会公平原则。然而，令人啼笑皆非的是，公共服务领域走向社会公平的真正动力并不是来自公共行政或行政部门或立法部门，而是来自法院。诚然，联邦政府在 1940 年通过了《拉姆斯派克法案》(Ramspeck Act)，该法案禁止联邦政府在人员聘用时实行种族歧视、信仰歧视或肤色歧视，而且多数州政府都遵循了这个法案。然而，只有动用了法院才将社会公平确立为一个事实。

标志性的案例之一就是格里格斯诉杜克电力公司案（*Griggs V. Duke Power*）。[18]在这个案例中，工人们被要求必须具有高中毕业文凭并且要通过能力测验以便可以在

公司职能划分上更受欢迎的部门从事低技术职位的工作。这种遴选政策的明显结果在于将会使黑人员工集中在杜克电力公司的低薪“劳工部门”，因为按照百分比统计，具有高中毕业文凭并且能够通过两项能力测验的黑人为数更少。杜克电力公司并未能证明具有高中毕业文凭或通过能力测验就可以准确地预示工作绩效。结果，杜克电力公司被发现存在非法歧视行为并且被勒令予以纠正。请注意审判长沃伦·伯格（Warren Burger）对法院立场的总结意见，特别是他就如何将该案件与罗尔斯的正义论进 *43*
行比较所提出的总结意见：

> 1964 年的《民权法案》根本没有排除对测验程序或测量程序的使用；很明显，这些程序是有用的。国会所禁止的是，如果这些手段和机制不能证明是工作绩效的一种合理的测量措施，那么就应该给它们提供控制力。国会并没有仅仅因为少数民族出身就命令说资格差的人比资格好的人更加可取。国会不仅对工作资格本身未存有丝毫的轻视，而且还使这样的资格成为一种控制因素，以至于种族、宗教、国籍和性别都成为无关紧要的因素。国会所要求的是，所使用的任何测验都必须测量适合这个工作的人，而不是理论上抽象的人。[19]

继格里格斯事件之后，还有许多类似的案例。尤金·B·麦格雷戈对这些案例进行了总结：“每当遴选的做法表明对弱势群体有差别性的影响时，法院都会毫不犹豫地禁止或改变那些其合理效度和经验效度不甚明确的做法。其次，对于行政技能和科学技能并非是其最初工作需要的警察、消防员和其他工作部门来说，能力测验和教育程度看起来似乎是最易受责难的遴选方法。”[20]

当谈及一些具有行政性、专业性和技术性的工作时，法院便是缺乏力度和权威的。就这样的工作而言，我们很难准确地规定这个人干什么，因而我们也很难准确地说明这项工作应具备的资格条件。因此，当下为了追求社会公平而发生的抗争通常涉及的是高层职位。

如果我们假定社会公平是值得追求的目标，那么是否有一种公平地指导和分配事物的实用方法呢？而且，解答这个问题的是法院，而不是公共行政的理论和实践。关于公平地分配公共服务的问题，豪金斯诉萧尔镇案（*Hawkins V. Town of Shaw*）是标志性的案例。[21]在密西西比的萧尔镇，市政服务的费用是由国税岁入来支付的。豪金斯先生是一名黑人，他能够证明，萧尔镇白人区的人行道、铺设的 *44*
街道、街道的路灯、下水道等诸如此类的服务设施比黑人区的设施好很多。法院找不到宪法证据表明纳税相同的居民在街道路灯、人行道、下水道以及警察保护方面应该享有更差的待遇。于是，法院责令萧尔镇制定并提交一个为其全体公民分配公共服务的公平计划。

根据财产税分配教育服务的两个重要案例却得出了不同的结论。在加利福尼亚州的瑟兰诺诉普里斯特案（*Serrano V. Priest*）中，为了确保富裕的学区和贫困的学区能够平衡其开支，州政府被责令改革公共教育的筹资方式，以防止较贫穷的孩子明显地接受较差的教育。[22]在得克萨斯州的罗德里圭兹诉圣安东尼奥案（*Rodriguez V. San Antonio*）中，美国最高法院断定：支持学校的地方财产税制度虽然不公道并且不公平，但是没有违宪。[23]接踵而来的问题便是：如果它的确是不公道并且不公平的，那么，校长、校董事会、州教育委员会主任以及其他教育行政官员为了应用社会公平原则来纠正这种状况而必须负有什么责任呢？

斯蒂芬·R·奇特伍德对这个主题进行过详细的考察。[24]可以用来分配公共服务的模式有很多种。它们可以被归为三种基本形式：第一，为所有的人提供平等的服务；第二，为所有的人成比例地提供平等的服务；第三，为个人提供的不平等服务应该与相关的差异相符。

在斯蒂芬·R·奇特伍德看来，为所有的人提供平等的服务，其可应用性有限。首先，之所以政府的大部分服务不可能平等地为所有人利用，其原因在于政府的服务原本就是为了满足有限服务对象的需要而设计的——例如，年轻人的义务教育就是如此。当然，政府也不会有足够的资金为所有的人提供所有的服务。

成比例的平等表明了一种根据某种大概与需要有关的规定特点来分配服务的程式。例如，被派到特定区域巡逻的穿制服警察数就可能会随着犯罪率的高低而有所
45 不同。公共援助也可能会随着受赡养者人数的多少而有所变化。斯蒂芬·R·奇特伍德论证说："基于成比例的平等来提供公共服务似乎兼具实用主义和人本主义的双重感染力。站在实用主义的立场上，这种公共服务的供给方式可以为在平民中间分配服务提供非常具体、客观的依据；而从人本主义的视角来看，公共服务的这种供给方式允许所提供的服务随着需求的增加而增加。"

按照斯蒂芬·R·奇特伍德的观点，在不平等公共服务的情况下，个人接受服务的数量以服务接受者所具有的某种特点符合相关的差异。有几个这样的标准。第一个标准可能是支付能力。利用支付能力这个标准，我们会认为城市图书馆、公园以及其他的公共设施都应该设置在比较富裕的城区，因为那些区域的公民缴的税更多。第二个标准可能会是根据需要提供服务，在这种情况下，公园、图书馆以及其他公共设施则应该坐落在不太富裕的城区，因为那里的公民更加需要，而且生活在那些区域的公民更缺乏享有图书馆、公园或其他服务设施的支付能力。利用这个例子，公平的公共行政人员在分配服务时很可能会倾向于根据需求来分配服务，至少会倾向于按照本章第一部分所阐述的社会公平的定义来分配服务。我们可能会更进一步地认为，基本的或起码的服务标准构成了一种几乎是义务的服务，它们包括营养、避难所、衣着、健康保护、就业、教育以及其他起码可以接受的生存水平。

斯蒂芬·R·奇特伍德还阐述了垂直的公平与水平的公平之间的差异。无论是垂直的公平，还是水平的公平，它们两者都可以用于以上刚刚描述的公平的三个方面。垂直的公平与异质人群中分配服务的标准有关。在垂直的公平之下，我们会努力地为不同公民群体之间分配服务设计一个基本原理或标准，例如，我们可以根据
46 性别、年龄、地理位置、收入以及诸如此类的特征来进行设计。某一给定个性特征——例如，财富——的有无在某种程度上将会决定受到服务的水平。在水平的公

平条件下，其原则将会是为相同的人提供平等的待遇。例如，全州每年为一年级学生提供的教育经费支出在比例上将会是平等的。

显然，社会公平的问题对于公共行政领域未来的政策决策将会是至关重要的。能够开发和捍卫公平的标准与措施并且能够理解公共服务对公民尊严和福祉的影响，这是公务员义不容辞的责任。正因为如此，社会公平的概念在现代公共行政人员的教育中将会具有根本意义。关注复杂组织对其中工作人员需求以及接受其服务的公民需求的回应性，这一点在现代公共行政人员的教育中也同样会具有根本意义。这将使得公共行政人员有义务深切地关注自己工作的社会影响。尽管公务员很可能会成为一名倡议者，但是多数现代公务员俨然已经扮演了这种角色。然而，他们的倡议通常与诸如火灾、治安、国防、环境以及诸如此类的特定公共服务有关。从现在起，我们必须把公务员的实质领域同公平和社会福利问题联系起来。这将促使行政人员在政府机构的管理中更具有参与性和开放性。如果行政人员不经常与民选官员和立法机关保持直接的互动，那么他们就很难了解公民的需求。因此，参与和政治互动对于社会公平概念的发展至关重要。公务员同政府的民选官员一道将逐渐会被理解成为应对和推动社会、经济和政治迅速变化的力量。事实上，动员政府制度变革的能力很可能会逐渐规定未来的领导人员。公务员不会成为英雄或堂吉诃德式的传奇人物，相反倒是会本着公平正义的理念，因应情境变迁，主动做好公共服务的配置工作。这既不是超出能力之外的空头许诺，也不意味着不受拘束 47
的政府干预。实际上，事实正好相反。公务员将与民选官员和立法机关一道以一种系统的方式共同筹划变革的过程，使围绕着政府角色和政府行为目的而开展的对话始终处在前沿和中心位置。只有通过这样的对话，行政人员才能有希望合理地发挥作用。

理查德·查普曼（Richard Chapman）和弗雷德里克·N·克里弗兰德（Frederic N. Cleaveland）在其最近对公共服务教育的评估中号召发展一种新的"公共服务伦理"（public service ethic）。[25]查普曼和克里弗兰德并不是想要界定这种伦理，他们谨慎地建议，这样一种伦理必定会演化，而且它势必会成为一种混合公共服务诸多价值的产物。公共行政的传统价值——经济、效率、效益、对民选官员的回应、责任——已经为我们提供了很好的服务。但是，过去十年的经验表明，其他的价值（未必是新价值）对于任何公共服务伦理都很重要。公民回应性、决策过程中员工和公民的参与、公共服务的公平分配、一系列公民选择的提供以及项目效益的行政责任，无疑都是适合我们时代的价值。如果说有甚或应该有一种公共服务伦理的话，那么这些价值和那些更好被理解的对管理价值的承诺一样令人信服。

这并不是否定一般公共服务生产率的重要性或在政府中不断寻求效率和经济等价值的重要性。它只不过是要表明，即便是最具有生产率的政府、最具有效率的政府以及最经济的政府仍然也不可能从根本上消除贫困、机会不平等以及不公正。无论是古典官僚模型，还是新官僚模型，它们在抵消那些趋势的道路上都很少有什么作用。因此，现代公共行政不仅要在理论意义上而且还要在规范意义上寻找文森特·奥斯特罗姆所谓的“民主行政”(democratic administration)。[26]

注释

[1] There is a kind of “holy grail” quality to some of this work, as in seeking the new public administration in existential thought, or in phenomenology. Although these philosophies surely bear on contemporary public administration, they are hardly the holy grail.

[2] See especially the works of Robert Bish, Vincent and Elinor Ostrom, and Roger Albrandt.

[3] See H. George Frederickson, ed., “Curriculum Essays on Citizens, Politics and Administration in Urban Neighborhoods,” *Public Administration Review*, Special Issue, 32 (November 1972).

[4] Dwight Waldo, “Developments in Public Administration,” *Annals of the American Academy of Political and Social Science*, 404 (November 1972), 224.

[5] Henry Campbell Black, *Black's law Dictionary*, 4th ed. (St. Paul, Minn.: West, 1957), p. 634.

[6] John Rawls, *A Theory of Justice* (Cambridge, Mass: The Belknap Press of Harvard University Press, 1971), p. 7.

[7] Ibid., pp. 3-4.

[8] Ibid., p. 176.

[9] Ibid., p. 137.

[10] David K. Hart, “Social Equity, Justice and the Equitable Administrator,” *Public Administration Review*, 34 (January-February 1974), 6.

[11] Rawls, *Theory of Justice*, p. 135.

[12] Hart, “Social Equity,” p. 7.

[13] Rawls, *Theory of Justice*, p. 76.

[14] Hart, “Social Equity,” p. 8.

[15] Rawls, *Theory of Justice*, p. 102.

[16] Hart, “Social Equity,” p. 8

[17] Ibid., pp. 9-10.

[18] *Griggs* v. *Duke Power Co.*, 401U. S., 424, 433 (March 8, 1971).

[19] Ibid.

[20] Eugene B. McGregor, “Social Equity and the Public Service,” *Public Administration Review*, 34 (January-February 1974), 23-24.

[21] *Hawkins* v. *Town of Shaw*, 427F. 2d 1286 (5th Cir. 1971) aff'd 461 F. 2d 1171 (1972) (en banc).

[22] *Serrano* v. *Priest*, 487 P2d 1241 (1972).

[23] *Rodrtguez* v. *San Antonio*, U. S. Supreme Court, March 21, 1972. On this subject see especially David O. Porter and Teddy Wood Porter, “Social Equity and Fiscal Federalism,” *Public Administration Review*, 34 (January-February 1974), 36-43.

[24] Stephen R. Chitwood, “Social Equity and Social Service Productivity,” *Public Administration Review*, 34 (January-February 1974), 29-35.

[25] Richard Chapman and Frederic N. Cleaveland, *Meeting the Needs of Tomorrow's Public Service: Guidelines for Professional Education in Public Administration* (Washington, D. C.: National Academy of Public Administration, January 1973).

[26] Vincent Ostrom, *The Intellectual Crisis in American Public Administration* (University Ala.: University of Alabama Press, 1973).

第 4 章

公共行政的静态与动态

48 *和谐、简单、为变革做好准备、分权以及责任，它们不仅代表了杰弗逊所理解的良好行政的特点，而且也描绘了良好政府永远都应该努力遵循的标准。*

——林顿·K·凯尔德维尔（Lynton K. Caldwell）：
《托马斯·杰弗逊与公共行政》

我们已然对新公共行政做了详细的介绍并且将其置于特定的时代背景下进行了考察。但是，公共行政未来的蓝图应该是什么样的呢？如果说新公共行政具有变革取向的话，那么我们所要建议和寻求的又是什么类型的变革？其原因何在呢？这些变革建议与公共行政领域的传统以及与我们的概念和理论有何种关联呢？而且，所有这一切对于我们在公共服务领域的管理方式以及我们用来设计政府组织的方法又意味着什么呢？这些变革可能会具有什么样的社会后果呢？这些变革对于公共服务的教育又会有什么影响呢？这些问题便是第 4 章和第 5 章的主题。在本章中，我们将探讨公共行政的静力学和动力学。我们在此将要论及的有三个问题——变革与责任，行政理性与管理，以及员工—管理方—公民的关系。这三个主题将运用古典的思维方式或传统的思维方式加以阐述，古典的思维方式或传统的思维方式具体体现为表 4—1 中的“起始”（from）栏所描述的内容，表 4—1 中的“过渡”

(transition) 栏代表的是当代的思维方式，而未来的预测则是由“到达”(to) 栏的内容加以描述的。

4.1 变革与回应

公共组织永远都面临一个基本的两难困境。它们组织起来的目的通常在于完成一项给定的任务或传送一项特定的服务，而且它们应该是稳定的、受命的、可预见的、具有不竭的财源并且在公共部门中占有合适的位置。组织不仅有工作人员和记录，而且还有程序和政策，而所有这一切导致的结果便是秩序和稳定。然而，公共组织却处在一种动态的并且是瞬息万变的环境之中——这是一种公共组织所必须回应的环境。无论是在公共行政理论上，还是在公共行政实践中，我们都是以两种方式来应对这个两难困境的：第一种应对困境的方式是组织再造，第二种应对困境的方式则是利用人类关系技巧。简言之，我们可以尝试着对组织进行改革（组织再造）或者我们可以尝试着改变组织中的人员（人类关系）。这两种途径都很重要并且已经证实了一种促成组织变革的能力。问题在于，公共行政的理论和实践都没有很好地对这个过程出现的方式进行整理，至少没有把公共组织视为一个理性的有机体。关于组织行为的基础研究多数都集中关注的是可预见行为的稳定性和模式。这些研究找到了一个目标替换的过程，例如，具有执法目标的警察局就是如此，它常常用一些与组织生存或福利相关的目标来替换执法目标。维克多·汤普森、詹姆斯·汤普森以及安东尼·唐斯都在寻求稳定性和目标替换，而且他们都找到了这种稳定性和目标替换。[1]但是，他们并不是在研究变革或回应性。 49

对组织再造最好的研究成果当数弗雷德里克·C·莫舍的大作《政府再造：案例与评论》。这本书表明，在某些情况下，组织可以或是通过改变其结构或是通过重新安排其工作人员来变得更具有理性或更具有目标导向。[2]与此相类似，关于人类关系培训项目的研究也表明了组织理性可以通过这样的技巧来加以改进。

20世纪70年代这个十年中所发生的事件似乎已经将公共行政的理论和实践都转向了把某些装饰物应用于变革过程。例如，当下有一种很常见的思维方式就是将再造视为一种很常规性的活动，而且，关于组织变革的讨论以及/或者“有计划组织变革”也是很常见的。于是，我们似乎不再认为，一旦组织得以矫正，它至少近期内不会因此而出错。与此相类似，当下的观点似乎认为，组织应该努力地对快速变化的社会做出回应。因此，我们可以看到诸如“弱者群体保护行动”这种项目或公正就业措施或各种组织再造活动的出现。这些改革更吸引人的地方有些与所谓的第三部门有关，公共组织假定依靠第三部门可以通过“民营化”(privatization) 或“公开化”(Publicization) 的方式来矫正局势，例如（仅使用美国联邦政府的例子），美国通讯卫星公司 (COMSAT) 或美国邮政总署 (Postal Service) 就是“民营化”的典型案例，而美国铁路客运公司（简称“美铁”）(AMTRACK) 则 50

是“公开化”的典型案例。很传统的“问题解决”途径一直就是这样做的。就其试图处理某种或另一种社会问题、政治问题或经济问题而言，它也具有“回应性”。

公共行政看起来似乎处在一种过渡的状态之中，它一边是一种应该有组织、可预见、富有生产率并且稳定的传统需要，而另一边则是应该具有回应性、适应性和可改变性的需要。

然而，公共行政尚不能明确表达一个可以充分描述正在或能够使组织具有回应性之手段的变革和回应性概念。除了不能明确表达一个回应性的概念之外，公共组织一直也都无法反击这样一些研究发现，它们似乎表明，不论旨在解决社会问题的公共服务质量和数量如何，它们中的某些社会问题是地方所特有的并且似乎难以“解决”。詹克斯（Jencks）对初等教育和中等教育的研究表明，较之诸如社会地位或家庭稳定性这样的因素，学校教育的质量（每个儿童支出的经费、教师的质量等
51 等）对教育后果或教育系统生产率的影响更小。[3]尽管实际上每一项公共服务都可以得到类似的论证支持，但是那些特别难以测量生产率或效益的公共服务则尤其如此。因此，我们可能会认为，减少警察的一半经费开支既不会对犯罪的水平有明显的影响，也不会对警察拘捕罪犯的能力有明显的影响。然而，当陷入窘迫状态时，谁也不可能会准备去否认执法的必要性，更不用说需要教育、社会服务、国防以及公共部门中很难证明生产率的许多其他项目。

因此，“最佳的猜测”便是，公共行政在接下来的几年中将会为变革和回应的主题提供重要的实际能量和智力能量。根据对成功的有计划组织变革的观察，公共行政可能会逐渐达成这样一个共识：组织再造和变革并不是一回事。而且，人们还可能会承认在某个危急时刻的组织再造并不是应该做的事情。我们最有可能做的事情就是为一个特定的公共部门开发一套鉴别某一特定组织效益的标准。伴随着这些标准可能会出现一个带来变革的制度化手段。这些手段可能会像我们在地方政府中见到的或者是国防部或国家航空航天局（NASA）所具有的契约安排一样简单，或者可能会类似于当下在“生产率交易”（productivity bargaining）名下正在发生的许多事情。这里的关键点在于，经济变革、政治变革和社会变革现在都非常迅速以至于组织能够回应的唯一途径就是开发组织能够用来判别效益的标准，然后再对变革常常是迅速变革能够促成的程序进行制度化，以便使组织具有回应能力。这将需
52 要组织明确表达其标准并且开发其制度化的变革程序，而且，这些程序将必须具有稳定性、可预见性并且被固定住。组织稳定性的基本表现形式未必就会是它的形式或结构或工作人员，而会是公认的效益标准和变革程序。

如果这个预见是准确的话，那么我们就必须假定并非所有的组织都会“增长”或“发展”。其实，无论是在公共行政的实践中，还是在公共行政的教学中，人们现在都共同认识到增长现象和变革现象之间有一种根本的差异。增长及其倒退和衰落是一种过渡的现象，而变革则是永恒的动态。因此，认为我们可能会像管理增长中的组织那样管理正在衰落的组织，那将会一个最佳的猜测。问题的关键点在于，无论在那种情况下，组织都能够更加有效地处理变革现象。因此，尽管 20 世纪 60

年代人们常常会谈到增长和发展，但是，在 20 世纪 70 年代我们同样会经常谈论缩减和放权。问题在于，我们的理论像我们的传统一样促使我们倾向于增长和发展，而不是倾向于缩减和放权。我们对增长这一变化形式之管理方式的了解要甚于对衰退这一变化形式之管理方式的了解。我们可以最佳地猜测，在不久的将来，我们将不得不学会更加有效地管理缩减和放权。

公共行政未来的语境将会更加强调作为变化形式的衰退和放权。虽然我们的整个政府体系都在发生着变化，但是它不可能在增长，至少不会像它过去那样增长。我们将越来越成为一个服务经济体或后工业经济体——而且政府要么会提供服务，要么会调控服务。我们将会处在或者接近人口的零增长状态。我们的人口将会逐步老化，这意味着问题已经从教育领域转向了健康保护领域而且支出也可能会发生转向。在美国，我们将会不断地面临严重的经济分配问题和就业问题。而且，我们还 53
将会面临美国和其他国家之间的分配问题。美国的能源贮藏量将会下降。我们将会不断地发生变化，而且这种变化会非常迅猛。但是，在许多公共服务部门，我们的规模不会增长并且可能会不断下降。公共行政的理论和实践能够适应我们新的环境吗?

组织变革与公共行政中所谓的“科学与技术”之间存在着一种密切的关系。越来越明显的是，我们不仅在技术上很先进，而且在政治和行政上也很先进。我们的问题在于，我们倾向于探讨变革的需要，就好像它主要是一种技术活动或科学活动似的。然而，事实却恰好相反。作为公共行政中永恒动态的变革主要是一种政治现象和管理现象。诚然，变革具有技术方面和科学方面的因素，但越来越明显的是，技术与变革并不是同义词。最好的例证说明莫过于水污染和空气污染的例子。这是一个技术上“造成”的问题。我们不断地寻求技术上的解答，而且，在这个领域，我们的技术肯定正在不断改进。然而，水污染和空气污染问题首先在政治和行政上最为有效地被处理成为我们决定应用某一给定技术的手段。这个环境影响命题成了一种行政和政治工具。作为一个最佳猜测，公共行政将会持续不断地对技术与变革之间的相关性提出质疑，并且将会逐渐懂得怎样运用行政途径和政治途径来探讨变革。

在任何关于变革和回应的讨论中，我们都必须谈及“对谁做出回应?”（responsiveness to whom?）这个问题。在公共行政的传统中，回应性的概念尤其关涉对一种需要或力量的感觉和对一种有效适应的安置。问题在于，公共服务体系是在一个民主政体和代议制政府形式的环境中运行的，它还伴之以多元主义的权力中心。既要回应“多数人”的需要，又要回应少数弱势群体的需要，并且同时还要回 54
应有权势的少数人，这显然是在要求做不到的事情。因此，公共组织便在以下两者之间指导着一种小心谨慎的进程：（1）普遍适应民选代表和行政主管之间的变化，这种适应构成了对多数人意志的一种低水平的回应形式；（2）对付少数群体或利益群体，这通常又导致了一种对特殊化需要做出很有效回应的模式。在此的问题一直都是缺乏一种对弱势少数群体或混乱少数群体的回应模式。最近几年，这个问题已经通过广泛的参与模式得到了处理，或许其中的有些参与是挂羊头卖狗肉，而且这种参与有许多都是为了增选代表的目的。最佳的猜测是，由于未来的回应形式将会更加充分地涉及公民和选民，所以它们不仅能够影响政策，而且还能够促使公共机构的适应。诸如监察官、小市政厅、公民审查委员会等这样的短期策略正是如此——短期的。我们很可能会看到向公民和选民同所谓“街头官僚”（street-level bureaucracies）的一种半整合方向发展，所谓的“街头官僚”应该可以很快地适应特定公民团体的需要。这种朝着分权和“邻里控制”（neighborhood control）方向的发展有许多正在开始影响着服务型组织。有人怀疑没有服务姿态的组织是否会感觉到这同样的影响。例如，较之一个学区、一个警察局或一个邻里卫生中心，卫生与人类服务部或住房与都市发展部就更加难以回应一个邻里的需要。表 4—1 就是对这些论点的简单总结。[4]

55 **表 4—1　　新公共行政的变革与回应**

起始	过渡	到达
问题是改革或变革的问题（修正错误的问题）。*	应该鼓励变革和再造。	问题是对变革程序进行制度化的问题（承认被修正的事务不可能永远正确，并且要使得可修正标准像修正一样重要）。
快速的社会变革是一种短暂易逝的现象，它需要风化和调适。*	组织必须努力对快速的社会变革做出回应（减少延迟）。	快速的社会变革是一种永恒的现象，它需要被推进和利用。
由变革的不确定性、复杂性以及迅速所引起的问题要求对组织机构的增长和发展给予更大的投入。*	由变革的不确定性、复杂性以及迅速所引起的问题要求减少业已建立的机构。	由变革的不确定性、复杂性以及迅速所引起的问题要求对缩减和放权给予更大的投入。
“回应”要求有效地检视组织内部的公开信息，以便它能够觉察到何时需要适应。*	“回应”要求服务对象的广泛参与，主要是为了增选代表的目的。	“回应”要求有效检视服务对象和选民，以便他们能够在需要时得到适应。
依靠权威的领导。	依靠共识的领导。	依靠促进变革的领导。
技术可以为政治上“引起”的问题提供解答。*	政治必须适应技术解答。	政治可以为技术上“引起”的问题提供解答。

* 表明是罗伯特·J·比勒（Robert J. Biller）的陈述，参见“Converting Knowledge into Action: Toward a Postindustrial Society,” in Jong S. Jun and William B. Storm, eds., *Tomorrow's Organizations: Challenges and Strategies* (Glenville, Ill.: Scott, Foresman, 1973)。

《1978 年文官制度改革法案》是数十年来联邦公共行政最重要的变革。这次改革凸显了人事行政领域的一种新公共行政观。在联邦政府 90 多年的文官制度中，
56 人事制度已经远远不仅仅局限于破除政党分赃制。文官体系已经变得非常庞大、笨重迟缓，并且一味地保护作为与政府的政策和管理需求相对的政府雇员。人事行政的所有这些技巧——测验、职位描述、资格表、工资表、同工同酬、退伍军人优先权、申诉以及最近成立的工会组织——已经上升到了利用的层次，以致严重地削弱了联邦政府回应、变革、提高生产率或有效接受管理的能力。于是，较之人事行政的这些技巧，政府的目标已经逐渐变得不太重要了。

《1978 年文官制度改革法案》将整体的美国文官委员会分成三个机构：人事管理局、功绩制保护委员会以及联邦劳工关系局。人事管理局负责测验、职位描述以及包括保持一个高级行政官员管理处在内的政府其他人事职能。功绩制保护委员会负责处理公务员在诸如职务晋升、工资、工作分派等事务方面的申诉事项。联邦劳工关系局负责处理联邦机构的集体谈判过程。

在这一改革之下，文官体系正在被大幅度地分权。管理人员现在与其雇员一道共同确定绩效或生产率的标准。如同对无效率者很容易给予惩戒和开除的制度一样，工作业绩突出者也同样可以很容易得到奖赏。职位和工作的变化更容易——可 57
以使政府更具有回应的潜能。个别管理人员对其雇员具有更大的影响力，现在他因而能够公正地对其管辖单位的效益负起责任。

新的高级行政官员管理处由 98.5%的联邦雇员组成，其职等从十六至十八级，在联邦政府中有 8 000 名高级官员。他们现在所具有的工作保障远远不如以前。例如，如果他们不能有效地履行职责，他们就有可能会被解雇。而且，这些高级官员现在要具备功绩薪酬的资格，根据业绩，功绩薪酬可能会占到整个工资的 50%那么高。获评“有功行政主管”称号的高级行政官员甚至可以兼领 1 万美元的奖金，或者是获评“杰出行政主管”称号的高级行政官员甚至可以兼领 2 万美元的奖金。这些高级官员不再永久任职于某一特定机构（工作的级别），现在倒是可以移动到最需要他们的机构或者是最能够有效工作的机构（人员的级别）。在高级行政官员管理处的组成人员中，政治任命官不到 10%，所以，其中 90%的高级行政官员是政府的常任专家。这项改革有望发展出一个更具有回应力、更具有变革能力并且更具有效益的高级行政官员团队。

这次文官制度改革在许多方面都很有意思。第一，改革是一个组织再造和改革的混合物，它不仅对政府机构、局、处进行了重新构造，而且实施了一些新的差异性概念和原则。这两者对于有效的变革尤其是对于政府保持有序变化的能力必不可少。第二，这次改革几乎完全具有政治性和行政性。传统文官体系的技术已经让位于现代行政的概念和原则以及对政策回应的需求。第三，或许是最有趣的，这次改革的指导者是同其他公共行政学者和实际工作者共同发展了这次改革的阿兰·K·
（斯科蒂）坎贝尔［Alan K. (Scotty) Campbell］。而且，坎贝尔和他的同事们指导 58
了从政治上和行政上采纳这些改革的过程。坎贝尔也许是通过促进变革过程来实施领导的公共行政官员的原型。

4.2　理性

如果说有一个主题对于公共行政的实践和理论都是基本的话，那么它就是理性。有意识地将知识用于实现一个普遍同意的目标，这一点对于公共行政领域具有十分重要的意义。对理性的解释各种各样，其中包括古老的政策—行政二分法，还有紧接着出现的政策—行政的连续体。所谓实证主义模型所奉行的正是这种解释，实证主义模型假定了一门管理科学和一种纯粹的理性，它最普遍地与赫伯特·西蒙有关。[5]与实证主义模型相反的观点是所谓的渐进主义者（现在我们也可称之为渐退主义者）的观点，这种观点是由查尔斯·林德布洛姆加以充分阐释的。[6]阿米太·埃兹奥尼提出了第三种途径，他将其称为混合检视途径，这是一种妥协的立场。[7]阿米太·埃兹奥尼认为，中间立场之所以必要，其原因在于理性观点为决策者提供了过多的权力，而渐进观点为决策者提供的权力却太少。混合检视途径设立了一个两层的程序，利用这个两层的程序，我们可以通过一个透镜来处理十分重要的决策，这样的一个透镜不仅可以对问题进行深度的透视，而且还可以利用一种处理边缘问题的广角途径从根本上或渐进地处理该问题。显而易见，这种渐进或渐退的观点是探讨理性的最具经验准确性的途径。然而，就行政的效益、效率和公平而言，这种观点也许不是最有生产率的。

过去10年的经验应该可以很好地证明我们在应用知识时可能会犯错误并且专业理性或行政理性未必就是公民所希望的。对公共部门的每一机构（例如，警察
59 局、社会服务处、国防部）来说，它们似乎可能会成功地认可自己的所作所为是合乎需要的。然而，同样明显的是，政府以及使政府发挥作用的公共组织能够做的也只有那么多。因此，我们必须就政府应该做的事情做出选择。每一个公共服务专业（或职业）都会假定自己知道什么最有益于公众。就其理性而言，它们的目标是合乎需要的，而且它们也知道如何实现自己的目标，所以这只不过是一个花钱完成工作任务的问题而已。

4.3 其实不然

在公共行政领域，我们看起来似乎可能会倾向于一个不同的理性概念。这个概念并不是一个容易明确表达的概念，之所以如此，其部分原因在于这个概念在实践上还没有形成（在一个像公共行政这样的应用领域，理论常常是实践的必然结果）。然而，明天的理性很可能会因一套新的前提而发挥作用：（1）我们知道怎样做事；（2）那些事情中有许多都是我们现在正在做的；（3）为了做这些事情而存在着一个业已建立的基础设施（公共服务组织的复杂性）；（4）这些组织中做这些事情的公务员都致力于这些事情；（5）但是，对于需要做什么的问题，我们在中央层面甚或地方层面并没有取得共识；（6）在某种程度上，选举制度是决定应该做什么事情的一种程序；（7）而且，在某种程度上，所有以前的承诺都决定了应该做什么事情。我们应该教育、保护自己，我们应该遵守法律；（8）但是，除了这些很模糊的目标之外，对于如何实现这些目标的问题，广泛地存在着意见分歧；（9）所以，公共行政应该成为专业人士、民选官员以及公民决定哪些活动最受重视并且与一致目标具有最普遍相关性的手段。

从这些前提出发可以出现一种非常简单的理性，为了赋予其名称，我们暂且将其称之为“缓冲的理性”（buffered rationality）。虽然“缓冲”在此是用来描述理

性的最佳效应，但是它已经完全除去了其中的一些不良负效应。就缓冲的理性而言，也许人们普遍认为需要学校。这并不意味着人们对教育的构成要素或学校的职责存在着共识。我们大概知道怎样教育，尽管我们现在知道对自己总是被假定在该领域所具有的能力存在着种种严重的限制。根据最近几年的经验，执法和国防领域的情况可能同样如此。因此，缓冲的理性会认为，一个更短期、更不重要的途径包含的社会风险和政治风险更少，而且它也许更适合公共组织。对于警官而言，处理一个特定的巡逻程序或许是理性的，因为他们可能会共同地将这种行为视为可接受的。这种途径避免了要么假定公民完全了解应该怎样巡逻，要么假定警察完全了解应该怎样巡逻。于是，假定从短期来看所谓明智且惬意的活动属于大致取得共识的总目标范围，缓冲的理性则会力求发展对这种活动的承诺。仿效以上的例子，我们假定高质量的执法是一个普遍达成共识的目标。让我们进一步假定，人们对警察局的继续存在也同样存在共识。按照这种理性，就会需要发展一种对警察局活动的承诺与共识，以便使作为制度的警察和作为总目标的执法都具有普遍的可接受性。

所以，在某种程度上，理性的概念已大异其趣。尽管有些理论家很可能会对这个论点感到惊讶，但它似乎是明确表达有效公共行政出现时所发生情形的唯一途径。这种立场被采纳的原因有多个：第一，我们已经了解公共体系的高度复杂性。第二，我们也通过一些惨痛的经验教训体会到没有达成共识的知识和技术应用有多么危险。准确地说，朝鲜战争和越南战争应该是这个理由的典型写照。第三，现在我们越来越清楚，实验应该那样做——社会实验。由于某种原因，一些知道如何做 61
事的公共官员也假定自己知道应该做什么事情。他们同民选官员一样都倾向于试图应用他们自己未必真正知晓的东西。倘若这些东西被应用于一个组织环境中并且所应用的东西都是无稽之谈的话，那么社会、经济和政治上的强烈不良反应就可能会十分严重。

就缓冲的理性而言，规划和行动密切结合在一起。规划者与行动者的分离无论如何或许都可能是坚持错误的。规划者或政策分析人员的极端行为通常被经验所严重地弱化或缓冲。所以，就缓冲的理性而言，我们的最佳猜测是：我们首先将努力发展对明智活动的承诺并进而接受对至少是少量总体目标的某些信念。第二，我们将会接受的规划和政策分析是发展对明智行动承诺过程的一个组成部分，而不是基于传统理性的一种次要的活动，按照传统的理性，人们是以某种分析的方式来决定应该做什么。第三，当我们实际上并不知道结果时，我们也许不太愿意会说我们知道结果将会是什么。第四，我们将继续能够有效地做事情，因为那是公共行政的基本目标。第五，我们将更加关注于努力发现或决定应该做什么事情以及应该为谁做事。

有人会认为，这种探讨理性的途径事实上已经使公共行政中立化。其实不然。但是，这种途径的确说明了，公共行政的实践及其有效性存在着限度，而且我们越来越意识到我们的边界和范围。这不应该会降低公共行政成为一种挑战的程度。事实上，它反倒使公共行政变得更加有趣。哈兰·克里弗兰德说得好：“如果规划在某种总体方向意义上是即席创作的话，那么行政领导者的首要任务便是确立、保持、宣扬并不断地修正一种其处于复杂情境中的同事能够共享的方向感。其精神所不可或缺的一个组成部分便是深信他帮助确立的目标是可能实现的。他的精神属于行动者的乐观主义，这种乐观主义精神不仅为他人的经验所支持，而且更为
62 他自己力图使有差异的未来更有条理的决心所证明。”[8] 表 4—2 所描述的就是这种途径。

表 4—2 **新公共行政的理性**

起始	过渡	到达
公共行政正在决定你想要做什么事情并且建立一个越来越制度化的组织来做想要做的事情。*	建立制度，然后改变这个制度以及这个制度中的人员。	你首先做事，然后再总结提炼一个组织的做事方式以及只有在所面临问题的稳定（宁静/动乱）所保证的程度上该组织所附有的价值。
我们知道应该做什么事情；问题在于发现如何把事情做好。*		我们知道如何做事；问题在于发现如何决定应该做的事情。
我们知道的东西多于我们应用的东西；问题在于如何更有效率地将这些知识传播给顾客。*	我们对于自己的知识存在不确定性，所以我们用顾客进行试验，这种试验变成了制度。	我们知道的东西少于我们应用的东西；问题在于如何努力防止将毫无价值的东西传播给顾客。
规划是一种应急的技巧。	规划是一种制度化的过程。	规划就是行动。
确定明智的目标，然后再通过制度化来实现这些目标。*	努力发展对明智目标的承诺以便实现明智且一致的目标。	努力发展对明智行动的承诺以便实现明智的总体性目标。

* 表明是罗伯特·J·比勒的陈述，参见“Converting Knowledge into Action：Toward a Postindustrial Society，” in Jong S. Jun and William B. Storm，eds.，*Tomorrow's Oranizations：Challenges and Strategies*（Glenville，Ill.：Scott，Foresman，1973）。

63 吉米·卡特（Jimmy Carter）执政时期总统行政管理委员会的工作就生动地说明了探讨理性和行政变革过程的新途径。与探讨理性的传统途径相比较，差异非常明显。例如，罗斯福执政时期的路易斯·布朗诺委员会（Louis Brownlow Committee）（即总统行政管理委员会）所集中关注的是总统行政办公厅并且处理的是诸如人员数以及直接向总统报告的职能（如控制幅度）这样的问题，该委员会还改进了预算编制和其他行政控制的方法。尽管总统的内阁充当着一个协调机制形式，但是布朗诺委员会却建议为了规划、指挥、沟通的目的而应该强化总统身边的工作人员；这些活动应该由许多“甘当无名英雄”（a passion for anonymity）的关键助手来完成。布朗诺委员会还建议将“功绩制原则”真正充分扩展至整个文官体系。布朗诺委员会的多数建议都得到了采纳并且自那时起已经作为联邦政府的重要方面得到了发展。

紧接在布朗诺委员会之后出现的是哈利·S·杜鲁门执政期间（1949 年）的第一届“胡佛（Herbert Hoover）委员会”（即政府行政部门组织委员会）。该委员会的研究发现和建议倾向于进一步证实其前任的工作。简言之，他们的建议是，一个

被强化的总统职位（几乎类似于一个社团）将会导致下级全线的改进。艾森豪威尔(Eisenhower）执政期间（1955 年）的第二届“胡佛委员会”主要推动的工作是对政府的职能进行适当的构建（例如，林业局是应该留在农业部还是应该放在内政部？抑或是应该同内政部的土地管理局整合在一起呢?）20 世纪 50 年代和 60 年代，许多州政府和地方政府都建立了“小型胡佛委员会”，在它们的层级上对政府的结构和功能进行类似的审查。

布朗诺委员会和两届胡佛委员会的工作依据的都是传统行政原则：有限的控制 64
幅度，清楚且有条不紊的指挥链，能够充分运用管理控制权的强势行政首长以及对地区、机构和部门的逻辑分类，按照这种逻辑分类，共同的政策领域（例如森林和土地）可以有组织地联结在一起。而且，它们根据本章前面所描述的传统理性定义来运作。

相比之下，倘若我们正在遵循着适当的公共行政原则，或者，倘若联邦政府的单位彼此之间都能够密切合作，那么当下总统的管理改进委员会（PMIC）则不大会关注行政首长办公厅所发生的事情。总统的管理改进委员会现在所感兴趣的是与机构的领导者、总监察官（总审计局——严格地说，它并不是一个行政机构，而是美国国会的一个机构)、高级项目管理人员以及从一般意义上研究政府活动、提出改进建议和实施那些改进建议的行政官员共事。具体的项目则是利用机构代表，管理改进委员会成员，来自其他机构、产业界、州政府和地方政府、大学以及公共利益集团的人才来实施的。这些程序可能颇具分析色彩（成本与收益、生产率、效益)，但是它们却含有一种对完成“管理改进”(management improvement）或变革的承诺，而不只是研究一个问题。在某种程度上，所实施的项目是根据它们的变革潜力而挑选的。我们并不假定解决问题的基本办法就是更多的工作人员、一个更大的机关、更多的机构自主权或者是更大的一笔预算——尽管这些对于管理和政策问题都是标准的解决办法。从更长远的观点来看，我们的意图在于管理改进委员会将会成为就如何有效地改进政府效益进行思想和信息交流的一个论坛。因此，其目标之一便是开发一些将会导致更强大并且更持久管理改进系统的政策和途径。

管理改进委员会的联合主席是美国联邦政府的管理与预算局局长小詹姆斯· 65
T·麦克因太尔（James T. McIntyre，Jr.）和人事管理局局长阿兰·K·坎贝尔，管理改进委员会的主任委员则是查尔斯·宾曼（Charles Bingman)。他们三个人都是经验丰富的专业管理者和政策专家。他们所选择的研究途径与新公共行政的逻辑十分相似。变革的程序正在被制度化，而且变革的一般标准也正在开发之中。为了回应社会经济和技术的快速变化，这些变革的程序正在不断地得到促进。变革正在被视为一种重要的领导责任。这种变革的过程就是决定政府活动的价值和公认政府目标得以满足的程度的过程。在可见的范围内，那些研究政府活动和规划变革的人也就是将会实施变革的人。于是，规划就像变革的过程一样，也是管理的一个组成部分。

4.4 管理方—员工之间的关系、管理方—公民之间的关系

读者可能会认为，把上下级之间的关系问题同公共机构与公民之间的关系问题放在一起或许有些奇怪。我们很难证实这两者是一回事，因为它们本身实际上的确不是一回事。之所以把它们两者放在一起，其原因不是在于它们在逻辑上或理论上很相近，而是在于它们在风格上和研究途径上很相近。

也许，组织理论中最具有经验丰富性的主题就是关注行政行为中关涉权威的应用、工作满足感的问题以及管理者与员工之间关系的那些方面。这项研究的多数证据都表明，探讨管理的非权威途径、探讨员工参与决策过程的自觉开发途径以及民主工作环境的发展，不仅促进了生产率，而且也提高了士气。无论是实际工作者，
66 还是理论家，他们都可能会发现自己普遍赞同这就是公共行政正在发展的方向。但是，他们也承认，结构和等级制概念能够被抛弃的程度以及能够假定每一项工作都会成为乐趣的程度存在着种种限制因素。我们已经逐渐懂得，对于公共行政来说，一种具有牢固基础的人类关系研究途径是有效的或者可能是有效的。然而，我们也已经逐渐认识到，人类关系并不是行政的目的或目标。例如，我们完全可能有这样一所大学，其中，教员们有一种满意的工作环境，在这种工作环境中，教员和行政当局一起参与决策过程，这里的士气高昂，并且具有很高的生产率。尽管人类关系研究途径具有所有这些最佳的元素，但是人们围绕着谁获得什么数量的工资报酬、谁获得什么头衔、谁应该获得终身教职等诸如此类的问题仍然会存在着争吵。而且，人类关系研究途径可以以这样一种方式加以应用以至于略去一个关键变量——“服务的接受者”（service recipient）。虽然这所大学可以将一些好的人类关系研究途径和技巧应用于其教员，但是它却不可能提供即便是接近学生需要的服务。而且，如果它是一所公立大学的话，便可能会出现公民或托管理事会需要什么这样一个根本的问题。

基本上，在此的问题是公务员怎样界定所要做的工作。如果那个工作首先被界定为管理和供养一个特定的官僚体制，那么人类关系研究途径就是不可或缺的。然而，尽管人类关系研究途径是必要条件，但它不是充分条件，至少不足以维系良好的政府。一所大学的管理和供养，或一个警察部门的管理和供养，或任何其他公共部门组织的管理和供养，也许都不会使该组织有能力决定公民对该组织有何期望。而且，仅仅只使用人类关系研究途径可能会夸大公共服务专业人员想要提供服务的范围。作为一个最佳的猜测，我们很可能会看到更多的中高级公共行政官员更少地在该组织内部工作而且更多地在处理边界问题，亦即组织之间的关系问题以及与其服务对象的关系问题。伴随着公民对影响其接受服务的公共部门决策参与权的行
67 使，将会产生这种结果的部分原因便在于公民的需求。但是，将会产生这种结果的原因还在于我们最有可能在下一代公务员身上看到的行为方式或行为风格。

有一个必然的结果将会是对环境冲突更加广泛的接受和适应。我们渐渐地在组

织内部期望、理解和处理冲突，而且我们逐渐发展出处理冲突的规程。公务员更加难以处理组织边界的冲突。然而，我们愈来愈懂得，处在边界的冲突是事务的一种常态，其实是事务一种合乎需要的状态，而且有效的公共行政人员很快便能够适应这种状态，能够学会接受和消化这种状态并且能够帮助其组织适应这种状态。这样便将组织置于勇敢地面对公民的姿态，组织可以更充分地认识到公民也许不会赞成该组织服务的分量或特性。尽管如此，这种面对面的接触仍然是必要的。这种共识可能只不过是“多数人统治规则”（majority rule）的表达而已。尽管多数人统治规则对于民主原则很重要，但同样明显的是少数人的权利却可能会因此而受到威胁。

这应该可以用来表明，管理方—员工之间以及管理方—公民之间的关系并没有假定一个民主体系的维持就终止于投票箱之中。实际上，它假定的情况恰恰相反——公共行政人员的工作始于投票箱，而且完全有效的公共行政人员具有与公民进行日常互动的制度和程序。如前所述，最佳的猜测是，这将会大大超越我们周围现在所看到的那些装饰性程序，例如，总监察官和公民顾问委员会。表 4—3 对这些关于管理方—员工之间以及管理方—公民之间关系的观点进行了总结。

表 4—3　　新公共行政中管理方—员工之间以及管理方—公民之间的关系 68

起始	过渡	到达
自上而下的权威。	来自群体的权威。	处在群体之中的权威。
为了生存而工作。	为了过好日子而工作。	为了满意的生活体验而工作。
组织严密的工作环境。	商议式的工作环境。	民主的工作环境。
妥善地管理组织的“内部”并且可能会具有有效的外部关系（强调内部）。*	通过公共关系技巧来处理边界关系。告诉大家组织的运行状况。	妥善地管理一个组织的边界关系并且有可能具有有效的内部关系（强调环境）。检视组织边界以便了解组织的运行状况。
应该避免冲突。*	冲突是自然的并且应该可预料的。	冲突是好事，应该加以适应和利用。
共识是必要的，而且面对面的接触也许是可以忍受的（只要是短暂的）。如果我们允许面对面的接触超出边界问题的范围，那么面对面的接触就会富有灾难性的结果。*	面对面的接触固然是好事，但是必须加以管理，以免替代共识。	面对面的接触是必要的而且共识也是可以忍受的（只要对它不过于助长）。如果我们允许共识超出达成共识的初始条件，那么共识就会富有错误的结果。

* 表明是罗伯特·J·比勒的陈述，参见“Converting Knowledge into Action：Toward a Postindustrial Society，” in Jong S. Jun and William B. Storm，eds.，*Tomorrow's Organizations：Challenges and Strategies*（Glenville，Ill.：Scott，Foresman，1973）。

4.5　总结与结论

就未来公共行政的静态和动态而言，我们将会面对的是一种强化的变革过程。 69

变革的快速度将会迫使我们要明确地表达并且赞成变革程序和变革标准，而且还要让这些程序和标准体现公共部门的稳定性（而不是体现职位、头衔等诸如此类的东西）。我们将必须不断地学习和了解增长与变革之间的差异，并且要学会怎样更好地管理变革尤其是作为一种变革形式衰退。我们的领导者将会逐渐成为组织关心公民并适应公民需要方面的专家，他们并将越来越少地依赖于科学和技术作为组织变革或社会变革的主要力量。

所有这些变革都将会导致对我们公共行政中“理性”假定的严重批判。我们将减少对我们关于公共行政实际作用之假定的过分夸大。我们将更加关注对我们活动的认识和合理化以及我们的活动与目标有何相关性，而且我们将更少地关注目标的整理。将会有越来越多的人对我们公共行政领域正在做的事情及其原因提出质疑。我们的断言、我们的知识以及我们的智慧将会受到严峻的挑战，当它们与公民的需求或期待产生严重分歧时，情况尤其会如此。

最后，我们将会看到人类关系技巧、群体决策以及组织民主的持续增长。然而，这种增长将会因公民对组织决策过程的参与而缓冲。我们将逐渐地把公民、顾客、民选官员等相关人员纳入组织定义的范畴。好的公共管理者现在正是以这种广义的定义方式来界定他们的组织的。

注释

［1］Victor A. Thompson，*Modern Organization*（New York：Alfred A. Knopf，1961）；James D. Thompson，*Organizations in Action*：*The Social Science Bases of Administrative Theory*（New York：McGraw-Hill，1967）；Anthony Downs，*Inside Bureaucracy*（Boston：Little，Brown，1967）.

［2］（Indianapolis：Bobbs-Merrill，1967）.

［3］Christopher Jencks et al.，*Inequality*：*A Reassessment of the Effect of Family and Schooling in America*（New York：Basic Books，1972）.

［4］The use of tables of this sort appears to have originated with Emory Olson. It was adapted and used much as appears here by John Pfiffner and Frank Sherwood，*Administrative Organization*（Englewood Cliffs，N. J.：Prentice-Hall，1960），p. 108. Some of the items used in this essay are adapted from the Pfiffner-Sherwood book. A later application of this procedure was developed by Robert J. Biller，“Converting Knowledge into Action：Toward a Postindustrial Society，” in Jong S. Jun and William B. Storm，eds.，*Tomorrow's Organizations*：*Challenges and Strategies*（Glenview，Ill.：Scott，Foresman，1973）. Many of the statements found in the tables presented above are from the Biller essay，with some modifications.

［5］*Administrative Behavior*（New York：Macmillan Co.，1957）.

［6］*The Intelligence of Democracy*：*Decision Making through Mutual Adjustment*（New York：The Free Press，1965）.

［7］“Mixed Scanning：A ‘Third’ Approach to Decision-Making，” *Public Administration Review*，27，no. 5（December 1967），386－387.

［8］Harlan Cleveland，*The Future Executive*：*A Guide for Tomorrow's Managers*（New York：Harper & Row，1972），p. 88.

第 5 章

公共行政的版图

（清晨 6 点 30 分，我夫人困倦地说）：“喂，你好？你想和市长通话吗？好吧，怎么这么早……那好吧！稍等片刻。（用手推了推我）嘿！你的电话。” 70

（早晨声音低沉）：“我是市长。”

“市长吗？”

“是的，您是哪位？”

“我是一位纳……纳税人。”

“我能为您效劳吗？”

“市长，我昨天晚上在报纸上看到关于整个东区重建的图片——拆除那里的所有住宅，并且要建一个新的市民中心。这是你的主意吗？”

（有点儿洋洋自得地说）：“是啊，怎么了？”

“市长。”

“我在听。”

“该死的你为什么不停止建无线电城，而跑到这里来收我的垃圾。讨厌死了！”（咔啪一声挂掉了电话！）

——斯蒂文·K·贝利：
《拨弦古钢琴（Harpischord）与一种玩具小笛（Kazoo）的一种有结构的互动模式》

5.1 正统观念

20世纪最早试图理解组织的做法是有结构的。马克斯·韦伯根据权威的等级制设计了一个模型——这个模型被（他人）线性地描绘在一张纸上。[1]组织图便由此诞生。在力图要么描述组织的运作方式要么设计一个理想组织的运行机制时，古典组织理论学派的学者们对组织逻辑框图以及组织图的实线和虚线给予了许多关注。这个时期所做的分配是在两者之间进行的，一方面是功能层级制或直线层级制，另一方面是辅助性幕僚层级制，以及一方面是辅助性幕僚，另一方面是咨询性
71 幕僚。而且，在此期间，人们开始找寻我们称之为组织的这种“引擎”最有效率并且最经济的设计。

由于组织渐渐变得愈来愈复杂，所以组织图也变得愈来愈精细。政党已经发展出选区和管辖区，而且政府机构也开始成立现场办公室，因而便诞生了“分权”的概念。行政分权使得有必要决定怎样处理诸如预算、人事和采购这类辅助性幕僚服务。该组织的一个在地域上被分开的分支单位领导是否应该控制其办公室里的辅助性幕僚呢？或者说，辅助性幕僚是否应该直接向其局总部里的相应专家报告情况呢？尽管早期的理论家们为了抽象地回答每一个问题而发展了一些“原则”，但根据具体情况，一个答案或许同另一个答案一样好。很显然，我们很难抽象地处理这样的结构性问题，或者说，我们很难在一张平纸上描绘这么复杂的情形。

伴随着组织的增长，显然，并非所有的决策都能够由最高层来做出。于是便产生了关于集权和分权的优点何在以及它们二者哪一个更有利于何种行政活动的问题。组织规模的扩大和复杂性的迅速增加不仅导致了分权，而且也导致了强调确保问责和职位分类的直线项目预算以及改进管理者组织控制能力的详尽任务描述。总而言之，一个新的专业或技能，甚或一门新的科学——管理科学或行政科学似乎即将出现。

20世纪最初20年期间的管理学家在工业界特别有名。因为工业界能够生产大量可消费的项目，所以人们便普遍相信工业组织是完成任何目标的最有效手段。这
72 便导致了管理科学大规模地转移进公共部门。城市经理人计划就是一种基本上从企业的一个过分简单化概念借鉴而来的组织设计。在改革年代，政府广泛采纳的预算制度和人事制度主要就是来自于企业界和工业界。政府改革运动背后所蕴涵的精神和概念在很大程度上都涉及的是试图带来更有效率和更经济的组织设计。这些借鉴自工业界的尝试包括功绩概念、直线项目预算、排除组织中的“政治”因素、政策—行政二分法的发展，尤其是利用辅助性幕僚服务作为公共管理者的控制技巧。其实，早期政府预算机构的概念所依据的就是强化公共事务之行政和管理的需要，至少依据的是暗中强化作为与企业总裁相对的总统或州长或市长之支配权的需要。

由于种种原因，早期公共行政对结构性的强调一直延续至今。第一，由于公共

行政同早期的管理科学密切相连，所以它被视为一门科学。第二，改革运动的成功极大地强化了全国各地许多政府的行政机构。第三，早期公共行政所建立的程序和技巧有许多作为传统至今依然继续存在，例如，详尽的职位描述和职位分类，或者是，必须由中央（联邦）政府内阁层级部门的首长或部长签署的组织图对职位和责任的正式化程序。第四，美国政府一致都专心于基于简单等级制模型的组织，而很少倾向于探索其他的组织结构。组织便渐渐地仅意指等级制了。

5.2 正统观念的衰落

然而，这种正统观念的批评者却提出了许多有说服力的观点。这种探讨组织的
途径未免太过于机械。它认为每一个个体之间没有多大差异，照此，每一个个体便 73
成为该组织中的一个可以互换的组成部分。于是，结果所得出的观点便是，组织被视为一部机器，为了有效地工作，必须充分地供应其部件。这样，行政引擎的效率便被强调得忽视了个人的价值与尊严。

正统观念的批评者还进一步表明，这种组织图似乎并没有体现组织行为。他们指出，实际上根本不存在管理科学，而且，事实上，我们也不可能找到一种理想的“控制幅度”，或者说，我们不可能设计出一种不违反“统一指挥”原则的组织。此外，正统观念的批评者坚持认为，对结构和行政的专注对个人具有一种抑制效应，它使个人感到很卑微，感到自己是一个“职员”，而不是一个“人”，感觉普遍受到位居可恶的正式等级制上冷酷行政官员的压迫。

自20世纪20年代晚期的霍桑实验开始，行政研究出现了一个新的发展方向。[2]人们发现了非正式组织，而且，自那时起，大部分学习公共行政学的学生一直都专注于此。新一代的行政理论家想要知道组织的运作方式，因为他们主要关注的是建构一个可以诠释组织行为的理论体。行政的“人类关系”学派主要由社会学家、社会心理学家以及心理学家构成，他们在行政研究方面变得愈来愈有分量。他们所关注的焦点首先在于个体，在于个体的需要、个体的动机以及个体的角色；其次在于工作群体，在于工作群体的积极制裁和消极制裁以及它构成一个“自然”等级制的方式。而且，这个时期，人们普遍认为，组织的正式设计要么不重要，要么只是非正式组织运作的一种阻碍因素。

从人类关系学派中出现了当下对敏感性训练的强烈关注，这种敏感性训练现在
更通常地被称为组织发展。组织发展是群体动力学或现代组织心理学的应用版本。 74
通常，它试图使组织解冻。它所强调的是融解伴随着正式等级制中地位差异而产生的冷酷现象以及增强等级制中所不常见的信任和开放程度。组织发展的目标在于增进组织中个体的尊严，发展个体之间高度的移情作用，提高组织的内聚力，减少人们对地位竞争的过度关注，使个体可以在组织中找到最适合自己发展的位置以及在组织内部和组织与其服务对象之间培育开放和真诚的情感交流。人类关系学派及其后辈——亦即组织发展运动——的追随者对于组织中的“好与坏”具有明确的价值

意识。在这个规范性框架中，等级制属于坏的东西；而自然结构则属于好的东西。[3]

但是，伴随着时间的流逝，人们越来越清楚，人类关系学派的组织观并不是不能实现的梦想。这种组织观对组织行为已经产生的任何影响都停留管理层，在管理层，人们也越来越清楚，较之“民主的”管理风格，“独裁主义的”管理风格既导致了更低的生产率，又导致了更少的员工满足感。[4]

然而，这些局限性对于复杂组织——尤其是具有公共行政性质的组织——的运作机制仍然没有什么影响。敏感性训练更为现代的版本——组织发展已经遭到其最著名的代言人之一沃伦·本尼斯（Warren Bennis）的挑战，本尼斯认为，除非组织的结构真正实现了分权，否则，组织发展绝不会有效。[5]

人们也越来越清楚，人类关系学派对内部组织管理和供养的过于专注对组织的服务对象并没有产生什么助益。那些必须接受公共官僚机构服务或者必须购买工业
75 官僚机构产品和服务的人对这些服务和产品的质量及公平性越来越不满意。即便是该组织内部更为健全（有人对此并不苟同），但很明显，组织的服务对象正在付出代价。

因此，在一个不连续和暂时的时代里，我们所找寻的是能够使大规模的组织对其服务对象更具有回应性并且更加有助于人类成长的手段。[6]这种找寻导致了人们从根本上对组织结构的重新思考，因为只有利用变革的结构才能够实现人类关系学派观点的目标。

非人类关系学派的发展速度似乎超过了正统观念的衰落速度，这种情况在《行政科学季刊》所发表的作品中表现得尤为明显。与组织发展运动不同，《行政科学季刊》很少强调改进组织或改革组织的企图。相反，“行政科学”观点的拥护者集中关注的是建立一种能够对组织的运作方式做出最佳解释的理论。这种研究途径只是具有含蓄的价值意识，因为它接受科学的规范，并且假定，如果我们对组织有更好的理解，那么我们就可以对组织进行更好的管理、控制或变革。因此，持这个主张的学者通常并没有强烈地关注非正式组织。结果，组织结构便长期地被人们所忽视。

5.3 对一种新正统观念的探寻

现在我们更加明白了这种博弈的组织规则是通过正式组织结构而建立的。对于个人地位或群体地位、权力、技能和效益的实质性表征而言，组织结构是其框架或面具。而且，这个面具在某种程度上决定了所有这些事物。

最近的研究表明，在美国，城市政府的正式设计是其产出的一个重要因素。具有经理人计划、超党派选举以及完备功绩制度的城市往往趋向于产生与具有其
76 他结构的城市所不同的政策后果。[7]例如，正如美国许多地方对氟化反应式争论进行的详细研究所表明的那样，政府的结构对于其回应公共政策议题也是十分重要的。[8]

当我们试图改进组织的效益（不再过度专注于理解组织）时，对这些组织的重新建构便吸引了我们的注意力。人类关系学派观点所隐含的假定是，如果我们能够改变组织中的人员，那么该组织也将会随之改变。我同沃伦·本尼斯一样认为，如果不对组织进行重新设计，那么对人员的改变将会落空。

人们对组织结构的兴趣之所以得以恢复，其原因有三。第一，曾经满足于解释组织运作方式的组织理论家们现在开始关注变革了。当组织运行良好时，我们似乎了解组织。然而，现在的组织——无论是公共组织，还是私人组织——都并不是运行良好。其实，它们正在遭受严厉的批评，所以我们力图对这些组织进行变革。根据上述的一致意见，我们可以得出这样一个假设：伴随着人们对组织变革的兴趣增长，人们对组织结构的兴趣也会随之增长。作为这个假设之必然结果的便是以下这个前提："较之组织中人员的改变，组织设计以及博弈规则的改变更容易，而且，我们只有通过改变这种设计和规则，我们才能增强改变这些人员的潜力。"

第二，这种简单的等级制似乎无法有效地适应我们社会日益增强的复杂性。无论是理论家，还是管理人员，他们都在不断地自问：将国防部概念化为一个等级制组织是否明智呢？对于这样一个概念来说，国防实在是太大、太复杂了，我们尚没有任何其他的概念可以取代等级制。显然，我们不仅需要更高级的手段来描述现存的组织，而且还需要更先进的手段来设计更好的新组织。

第三，组织看起来似乎变得越来越脱离其服务对象并且越来越不关心其服务对象。正如赫伯特·考夫曼（Herbert Kaufman）已经表明的那样，我们正在从主要关注内部行政效益转向从根本上关注回应性。[9]这种赞成回应性的情绪产生于无法 77
从复杂的公共组织中获得公民认为其有权获得的服务水准。

于是，对组织结构的再关注源自对服务对象回应性的需要、对适应我们世界复杂性的需要以及对变革的需要。在此，我们提出五个结构模型，它们可以分别满足上述不同的需要：（1）行政分权模型；（2）邻里控制模型；（3）矩阵模型；（4）联邦模型；（5）交易（讨价还价）模型。

行政分权模型

弗兰克·舍伍德（Frank Sherwood）和约翰·菲夫纳（John Pfiffner）曾经指出，行政组织中存在着一种"分权的福音"。[10]通用汽车公司（GM）成功的形式不仅受到普遍的认可而且还常常被仿效。德怀特·英克（Dwight Ink）和另一些人已经提出了一些联邦分权的建议案。[11]理查德·尼克松（Richard Nixon）在担任总统期间发展了包括扩张的联邦实地官职、岁入共享等政策的"新联邦主义"。然而，或许我们依然可以更为保险地说，我们是言语上的分权、行动上的集权。尽管我们了解分权的好处，但是我们却难以生活在其中。为什么会这样呢？

第一个原因在于，真正的行政分权是对等级制的严重修正，因为行政分权允许该结构中的每一次级单位都拥有实质性的自主权。这样的自主权很可能会导致该组织的半自主次级单位存在不同的标准和程序。很少有组织并且更少有行政人员成熟得足以能够容忍这样的差异。真正的行政分权需要一种真正的授权，而且，大部分行政人员都发现很难授权。[12]

但是，这个分权的言辞——分权的福音——依然还是很吸引人的。分权的组织
78 通过扩大处于等级制较低层人员的实际责任来支持他们个人的成长：它为高层管理提供了一个培训场所；它促进了个人的激励诱因；而且它允许每一个次级单位都具有能够适应其服务对象和环境之特殊需要的充分自主权。

我们为什么不能实践分权的第二个主要理由在于某些可能出现的负面后果。美国选征兵役制在地域和行政上就是分权的，美国农业部的许多行政机构便是如此。农业部的地方征兵局和地方代理机构都受控于地方的精英并且往往反映的是南方的隔离现象、大农场主凌驾于小农场主之上的利益以及地方产业主和管理者凌驾于地方劳动人民之上的利益等等。[13]我们在我们美国联邦政府制度中还可以看到这个问题的另一个版本：一种真正地域和政治上的分权。联邦制度一直都处在用于压制少数族群的州权利和用于实施“人权”法律的联邦权力之间不断的斗争之中。[14]

对分权进行的最详细的刻画当数拉里·科克哈特（Larry Kirkhart）的联合模型，这个模型基本上源自组织发展思想和社会心理学的一个分支学派以及现象学。这个联合模型具有以下特点：（1）基本的工作单位是一个项目小组；（2）等级制并非永久存在的，而且领导则视情境而定；（3）所做的一切事情都有严格的时限规定；（4）各种各样的项目都是基于相同的问题或目标；（5）全体职员之间具有高水平的能力和高度的信任；（6）需要服务的对象是在组织中加以描述的；（7）组织是一个就业的场所，但未必是一个职业；（8）记录的保存是以计算机为基础的；（9）资金是根据项目进行分配的。[15]

拉里·科克哈特的联合模型是对古典等级制的一种很完备的修正。联合模型在许多方面都类似于沃伦·本尼斯所极力主张的那种组织形式，沃伦·本尼斯建议，
79 组织必须真正地得到分权并且必须达到一种“有机民粹主义”的状态。[16]“有机的”被视为意指的不是古典等级制的强加状态，而是一种自然的状态。“民粹主义”则被视为意指“为了满足组织服务对象的基本需要而出现的”。然而，无论是对于本尼斯，还是对于科克哈特，他们两人主要关注的都不是该组织服务对象的福利，而是该组织的内部运作。

美国最重要的社会学家之一任西斯·利克特（Rensis Likert）对工作群体行为进行了广泛的研究，因为它关涉组织设计。他发现员工满足感与员工生产率之间存在密切的相关性。[17]像本尼斯一样，利克特也非常重视一个组织的设计或布局。根据研究的结果，他推荐了一种具有“重叠工作群体”的组织设计，该工作群体中有一些发挥着联系针功能的关键人士。这种重叠工作群体可以借用图 5—1 加以说明。请注意，某一层级的管理者是下一个层级工作团体的成员，他发挥着一个联系针——或向上影响——的功能。

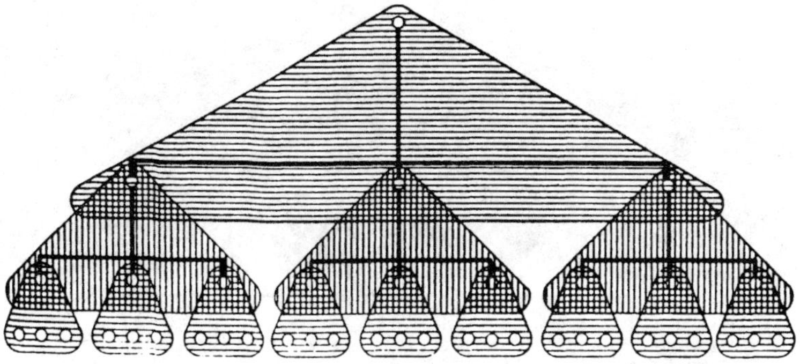

图 5—1　重叠工作群体与联系针功能

组织的重叠群体形式。尽管在此所表明的工作群体由四人组成，但是工作群体的规模却随环境的要求而有所差异。参见 Rensis Likert，*New Patterns of Management*（New York：McGraw-Hill Book Company，Inc.，1961），p. 105。

如图 5—2 所示，在后来的研究中，利克特描述了部属在横向水平协调中的角色。[18]

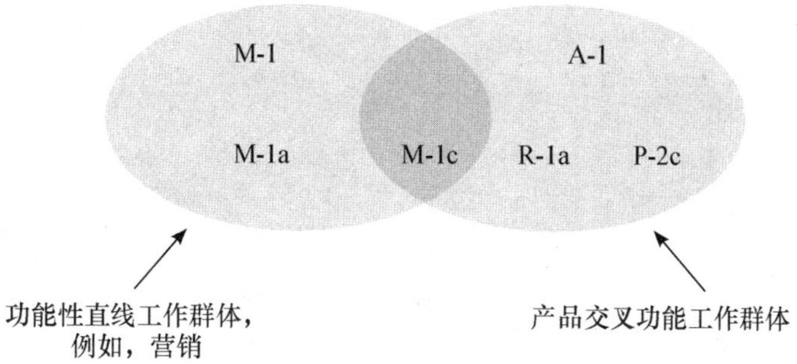

图 5—2　作为联系针的部属

资料来源：Rensis Likert，*The Human Organization*（New York：McGraw-Hill Book Company，Inc.，1967），p. 160。

最后，利克特所表明的是一个垂直的群体联系模型，这个模型包含扮演着一种 80
垂直联系角色的一个“家族”（family）或数个人（参见图 5—3）。他还另外用了一个模型来说明垂直重叠工作群体与水平重叠工作群体和联系针功能的结合，不过，这个模型在此并未列出。他坚持认为，这样的模型要发挥作用，整个组织都必须使用多元重叠的群体结构并且必须在群体决策过程中有效益。

邻里控制模型

邻里控制模型在许多方面都与分权模型有相似之处。邻里控制模型尤其与政府或公共组织有关，因此，它的可应用范围要小于行政分权模型。邻里控制模型认为，一个公民的集合体有权力决定其政府应该提供的服务种类和服务水准。很明显，这个模型的最佳有效例证就是为其居民提供所需学校体系、垃圾收运、公园和娱乐服务以及法律实施的郊区市政府。邻里控制模型认为，那些生活在大中心城市

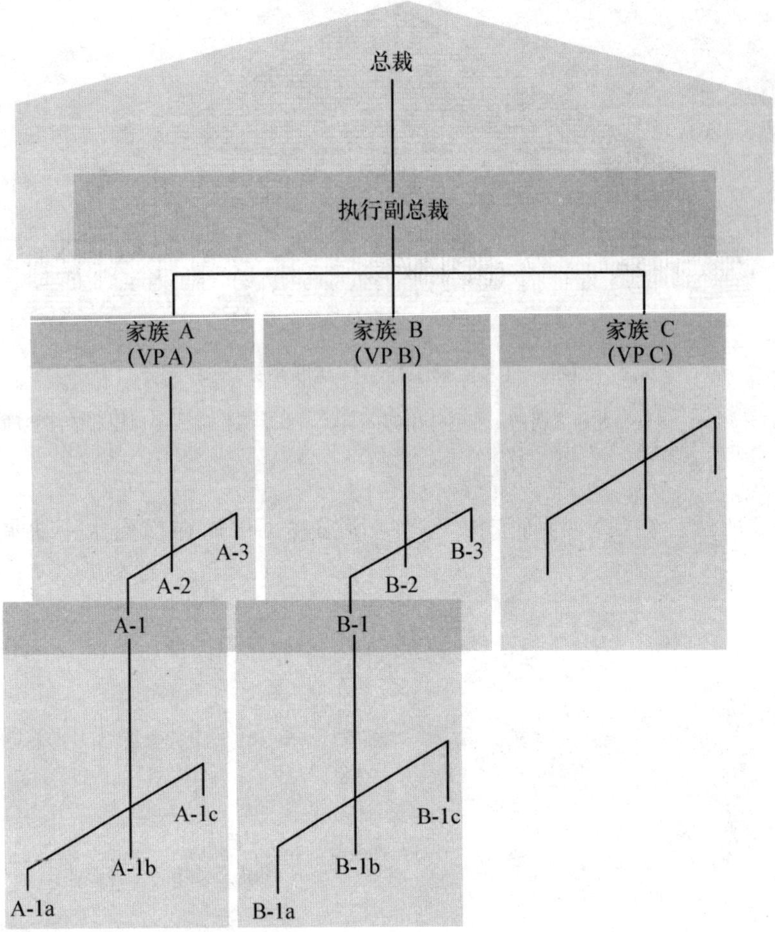

图 5—3　多元重叠的群体结构

参见 Rensis Likert, *The Human Organization* (New York: McGraw-Hill Book Company, Inc., 1967), p. 166。

81 的居民应该与那些生活在自治郊区的居民享有一样的权利。[19]

在美国政府的警察管区与政治选区业已充分发育成熟的时期，便存在着一种邻里控制的形式。自那时起，我们已经使我们的警察制度、我们的教育体系乃至在某
82 种程度上亦使我们的政党职业化和集权化。结果，生活在我们大城市邻里中的人们愈来愈感到公共官僚机构不关心他们的特殊需要和独特需要。邻里中的人们，尤其是黑人、波多黎各人以及美国籍墨西哥人，都希望能够控制那些对其生活有最直接影响的机构。

三个最完备的邻里控制模型分别来自乔治·弗雷德里克森、米尔顿·科特勒 (Milton Kotler) 以及查尔斯·本森 (Charles Benson) 与彼得·伦德 (Peter Lund)。[20]这三个模型都明确地反映了本尼斯的论点：即使组织在行政上是集权的，它也不可能会关注其各种不同服务对象的需要。邻里控制模型旨在既满足服务对象的需要，又满足组织的需要，它具有以下特点：(1) 该邻里的居民同组织代表

一道共同决定所需服务的水平和类型，而且它们在该组织中共享对人事和管理决策的控制权。(2) 不同邻里的服务水平和服务类型也有所不同。(3) 有些服务的提供者可能是邻里所有的公司或私人所有的签约承包者。(4) 在可能的情况下，邻里一般都是根据经济同质性和社会同质性加以界定的。(5) 中心城市以及范围更广的都市地区继续充当着税收基地，而且对邻里的拨款也是根据人口计算和需要进行分配的。一旦分配了资金，这些资金便由邻里来控制。

矩阵模型

组织结构的矩阵模型试图处理的是组织对变革及其集中关注自我生存的抵制。其名称源自用来说明该模型的那一类标绘图（参见图 5—4 和图 5—5）。这个矩阵模型的第一个论点赞成“项目途径”。与认为一个组织的主要任务是永久固定的观点相反，矩阵模型认为，组织的能量应该定向于在定义上是暂时的项目，这些项目具有一个确切的完成日期，而且它们在预算、人事和管理事务上有很大的自由。[21]当一个项目完成时，组织接着便能够决定自己是否想要重复这个项目，而且，倘若事实果真如此的话，那么组织还能够决定自己想要以什么方式重复这个项目。在一个矩阵形式中项目管理者的角色在于使工作得以完成，而不在于使其在该组织中的角色永久存在。报酬是基于成功的完成工作，而不是基于组织的建立。其实，项目管理者最近已经被描绘成“做他说自己会成就其事的人”。 83

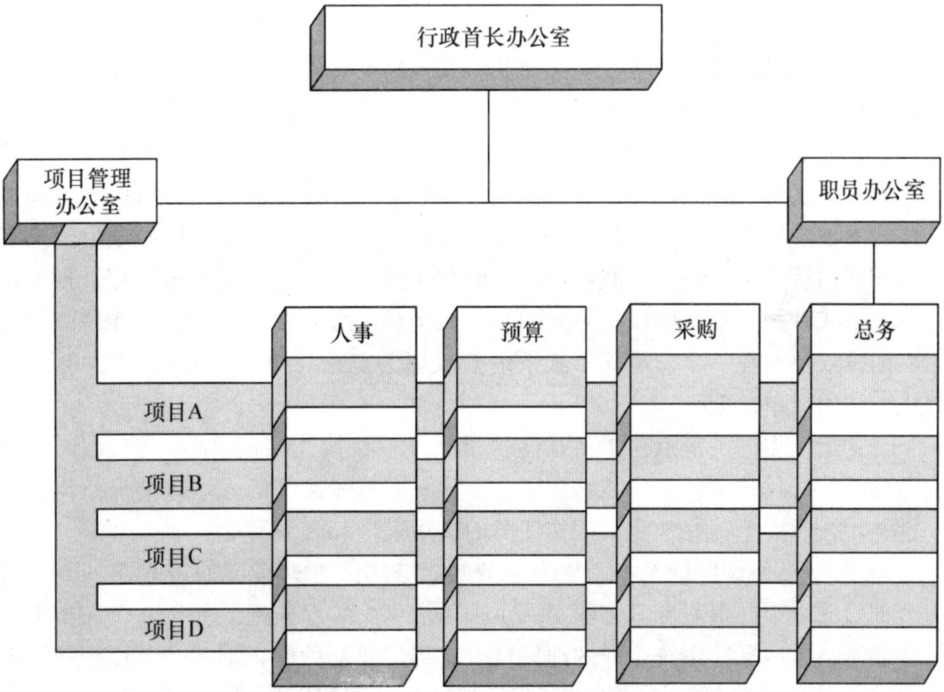

图 5—4　矩阵形式的简单模型

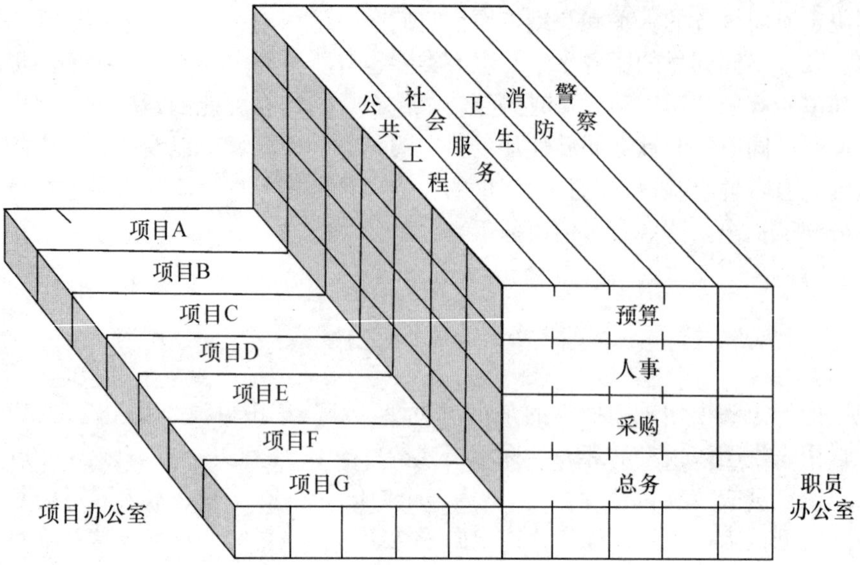

图 5—5 矩阵形式的复杂模型

矩阵组织的最佳例证当数美国国家航空和航天局（NASA）以及政府中的那些以项目为基础从事广泛资本开发的部分。在这两个案例中，组织的产品——例如，一栋建筑物或一架火箭——都是有形的和“建成的”。通过利用一个矩阵形式，一个像美国国家航空和航天局那样的组织能够在一个时点具有一笔 60 亿美元的预算，这笔 60 亿美元的预算在 5～7 年的时间内便可能会被削减一半，并且大概可能会随着人们对空间探索的兴趣而扩大或缩小。

矩阵模型要发挥作用，就必须获得来自高层管理者对该项目之需要和兴趣的一致支持，而这些需要和兴趣则凌驾于该组织常设性部门或支持性部门的需要和兴趣之上。采购部门、预算部门、人事部门以及所有其他的常设性办事机构都必须集中全力关注这些项目的需要以及它们所关切的问题，以便这些项目可以很好地按时完成。人事规则并不是为了保存规则而被保存，事实上，它们是按照项目管理者的建议在它们有意义的情况下就被保存，而在无意义的情况下则不被保存。预算往往是一揽子或种种方案；该项目被分配到一大笔资金来完成其职责，其在薪酬和物料方面的授权要比在一个非矩阵形式下的授权更为宽松。图 5—4 所表明的就是一个矩阵形式的简单模型。

85 这个模型的关键点在于将这些项目和办事机构连接起来的“节点”。这些节点需要能够对付歧义性并且能够聚焦和凸显不同群体偏好的人，以便保持沟通的开放性并增强有助于很好地完成工作任务的决策潜能和政策潜能。

图 5—5 所说明的是一个更为复杂的矩阵形式。这个图通过表明一个项目与一个部门或一个办事服务机构的交叉点来显示更大的复杂性。如果一个城市拥有一种诸如“小市政厅”系统这样的地域性分支部门或某种修正形式的邻里控制，那么图 5—5 所表明的项目就可以代表这些地域性分支部门。显然，诸如图 5—5 这样的一个立方形设计可以说明每一个交互作用点（立方体或节点）的六个面而不是三个

面。这样的设计对于从地理上描述大规模公共组织的真实复杂性非常有用。这样的设计可以进一步表明现代组织的含混性和相关性。例如，只要我们瞥一眼图 5—5 就应该可以看出，许多公共雇员都有若干个他们对其所负有的责任既不确定也不清晰的“老板”。这种在现代组织中很常见的含混性并不是通过这个基于等级制的简单图表就可以传达的。此外，图 5—5 还表明在任何一个部门采取的行动都会影响到一个项目和一个办事服务机构，亦即它表明了一个对相关性的图解。

很少有人怀疑矩阵方法对于减少组织在生存方面耗费大量资金和时间的倾向所具有的有效性。对于我们美国社会越来越趋向于高度流动性和临时性这样一个时代而言，矩阵方法似乎是一个理想的模型。工程师在项目之间以及在工作之间的易于流动性可以生动地例示那些共同忍受着僵化和永久之痛的公共组织。不过，有人却怀疑矩阵方法对于那几种服务性公共企业的可应用性。例如，一个社会服务机构或邮局是否可能会有一个项目形式呢？对于某些政府功能来说，这个模型明显不具有可应用性，但是，就另一些政府功能而言，这个模型也许是可用 87
的，对于地方政府和教育领域以及诸如农业部这样的中央政府大部门来说，情况可能尤其如此。

联邦模型

联邦模型对于分权和邻里控制都能够适应。我们可以在经济发展理事会（CED）出版的《重塑大都市政府》一书中找到联邦模型在大都市区域应用情形的最彻底的描述。[22]经济发展理事会认为，联邦都市模型具有以下显著特征：

(1) 都市政府应该有两个层级。

a. 规划、运输以及给水、通风和下水道排污业务应该完全集权。

b. 其他的地方功能则既具有集权的特征，也具有分权的特征。就废物和垃圾收集、治安、健康、住房和福利而言，邻里对于服务传送方式所具有的控制将会比它现在具有的控制大得多。档案处理、一般政策、与州政府和中央政府的关系以及诸如此类的工作领域将会比现在更加集权。

(2) 县郡将会承担集权的责任。

(3) 城市、郊区市镇、城市的分支部门（邻里政府）等等将会承担分权的责任。

(4) 财政将会是地区范围的，都市地区的每一个分支单位之间具有更加公平的州援助和联邦援助以及更加公平的资源分配。

交易（讨价还价）模型

交易（讨价还价）模型最初源自在已经逐渐被称之为“雷克伍德计划”（The Lakewood Plan）下对南加利福尼亚政府单位之间签约承包的研究。在交易模型中，

88 政府的一个单位可以为政府的另一个单位提供服务，或者，政府可以找私人部门来提供服务，或者，政府可以采取任何有用的联合方式。简言之，交易模型主张，政府在提供服务方面应该尽可能地富有想象力和创造力。建立一个常设性文官服务体系可能并不是提供服务的最有效途径。

至少如同文森特·奥斯特罗姆、查尔斯·梯鲍特（Charles Tiebout）和罗伯特·沃伦（Robert Warren）业已表明的那样，交易模型认为，将政府的所有单位都纳入一个特定的都市区并且将这些政府单位都合并成为一个大“车厢”，这样做会具有反生产性。[23]按照交易模型的观点，更为有用的做法是：继续保留现存的管辖范围并建立大量的特区政府；鼓励这些政府的人员交流；增强这些政府彼此之间签约的能力；以及通过其他途径使每一个政府都可以有自己与其周围所有政府保持所偏好关系的模式。这样，如果存在一个地区性的问题，那么就可以创立一个特区政府来处理那个问题。一旦那个问题得以有效的处理，那个特区政府便能够发展成为一个稳定的模式，而非一个增长的模式。这种特区的最佳例证在环境污染和洪水控制领域。诸如学校教育、法律实施和健康保护等其他在传统上更具有地区性的服务项目则可以用任何组合的方式来予以提供，这取决于特定管辖范围的偏好。

一个小区域或许可以合并其所有的服务并且就这些服务同一个县郡政府签约承包，而且可以每年对这些承包合同进行协商，进而可以改进服务的特色与质量。这样，该城市便可以避免建立自己的精细组织，相反，它倒有两三个负责协商和监控服务合同的代理人。与此相类似，大城市尽管可以对特定服务项目进行细分，但却
89 要根据合同继续为该邻里的分支部门提供这些服务，并且允许邻里分支部门的人们约定他们所希望的服务传送方式。这样便能够发展一种邻里控制形式。简言之，交易模型将市场逻辑应用于公共部门并且充当着一个单一地区性组织通过一个大规模等级制提供所有服务的一个备选方案。

5.4 走向公共行政的结构动力学

这些模型及其各种变化形式都不仅仅是理论，因为它们所描述的组织现在都存在于我们这个国家的大部分都市地区。例如，在洛杉矶县，我们就可以发现相应的这些结构安排。在洛杉矶市，行政分权是通过地区负责人据以为边沿社区做出有限决策的分支市政厅发挥作用的。有些分支市政厅提供了主要市政厅的完整服务。邻里控制是通过社区项目的社区自治机构提供的。邻里居民以及市长和市政会成员都要出席核心政策委员会。我们在邻里青年团的临时项目、夏季娱乐项目、示范食品项目、良好开端试验项目以及都市更新项目等诸如此类的项目中可以发现矩阵概念。联邦概念可以以洛杉矶县与洛杉矶市和其他大城市之间的服务划分为例来予以说明，洛杉矶县负责实施区域更加广泛的项目，例如，空气污染、水资源和下水道设施、福利、某些税赋的征收等等；而洛杉矶

市和其他大城市则负责实施地方化的污染检查、邻里社会服务和食品项目以及许多常规性城市政府服务项目，例如，治安和消防。交易模型用在县政府和市政府之间的一套复杂的契约关系之中。契约合同可以根据市政府的需要来规定所有的地方服务或这些服务的任何一种组合方式选择。当然，契约合同是有期限的。

根据这种描述，这些模型显然不是相斥的，相反，它们在同一个大城市地区 90
同时发挥作用。一个有经验的都市行政人员之所以很可能会认可这些模型，其原因在于它们已经为人们所共用。然而，公共行政的文献并没有反映出这些结构的复杂性，因为公共行政的文献或多或少地依然还是关注等级制模型。在我们所“知道”的东西与我们作为理论家所能够描述或解释的东西之间的这种差异并不足为奇。

要弥补这种差异，我们首先必须认识到组织结构并非是静态的，它是不断变化并且是可以变化的。其次，我们必须看到，现代公共组织的复杂性通过等级制概念并不能得到充分的理解。我们认为，业已描述的那些模型和其他的结构模型都应该归入“结构动力学”这个短语名下，因为“结构动力学”这个短语表明结构不是固定不变的并且未必是等级制的。这个短语进一步表明关于结构备选方案的理论或知识很重要。要遵循本书前面所描述的假设，则急需探讨组织变革的结构性途径。

对结构动力学的重新关注可以追溯到：(1) 人们强烈感受到需要改变我们给予等级制的公共行政组织，因为这些组织完全不再有效益了；(2) 开始关注对服务对象需要的回应性；(3) 需要适应我们时代之复杂性、瞬息万变和不连续性的更佳途径。如果单独地来看，上述的五个模型似乎都无法满足所有这三个因素，而且似乎也无法回应所有的情境。

分权和邻里控制打破了等级制并且大大地增强了回应性；然而，分权的邻里政府可能会变得僵化而无弹性，无法适应未来的变化。矩阵模型是为了临时性和变化
而理想地设计的，但是它难以应用于某些种类的公共服务。交易模型可以被视为对 91
现存事物的一种替代，但至少在理论上，交易模型能够适应大政府分权和邻里控制。此外，作为矩阵模型和交易模型中都得以使用的签约策略增强了使组织可变化的能力。在这五个模型中，联邦途径最近乎于成为其余四个模型能够运作的一个主要框架。

虽然组织结构至关重要，但是其重要性不应该被夸大。早期公共行政中这样的
夸大导致了一种反应，以致组织结构的问题长期为人们所忽视。非正式组织的运作 92
机制、群体行为、个人行为、权力的模式以及沟通将永远会修正等级制或任何其他的结构。我们现在能够开发一些充当未来组织设计的模型，因为大家都知道我们了解非正式组织。但是，我们还必须求助于结构动力学，因为公共行政组织显然正在受到彻底检查和重新设计。当这种情况发生时，知识应当担负起指导变革的重任。

表 5—1 **新公共行政的结构**

起始	过渡	到达
集权有助于管理者做出并落实正确的决策。*	某种程度的分权可能会有助于管理者知晓其决策的正确程度。	分权——管理者的任务就是要确保好的决策在组织内部做出并且确信这些决策不受到阻碍。
等级制	社会过程	具有定期大项目的分权小等级制。
通过敏感性训练和扩大责任等方式来发展组织中的人员。	通过保留现存结构但改变所有人员来发展组织。组织发展。	通过把组织划分成为由改变的人员构成的资助单位来不发展组织。

*关于罗伯特·J·比勒的陈述，参见“Converting Knowledge into Action: Toward a Postindustrial Society,” in Jong S. Jun and William B. Storm, eds., *Tomorrow's Organizations: Challenges and Strategies* (Glenville, Ill.: Scott, Foresman, 1973)。

注释

[1] Max Weber, *The Theory of Social and Economic Organization*, translated by A. M. Henderson and Talcott Parsons (Fair Lawn, N. J.: Oxford University Press, 1947).

[2] F. J. Roethlisberger and W. J. Dickson, *Management and the Worker* (Cambridge, Mass.: Harvard University Press, 1939).

[3] William H. Reed, “The Decline of the Hierarchy in Industrial Organizations,” in David I. Clelland and William R. King, *Systems, Organizations, Analysis, Management* (New York: McGraw-Hill, 1969), p. 22; Warren G. Bennis, “The Coming Death of Bureaucracy,” in ibid., p. 12; Warren G. Bennis, “Post-Bureaucratic Leadership,” *Trans-Action*, July-August 1969, p. 44.

[4] Rensis Likert, *Human Organization: Its Management and Value* (New York: McGraw-Hill, 1967).

[5] T. George Harris, “Organic Populism: A Conversation with Warren G. Bennis,” *Psychology Today*, February 1970, p. 48.

[6] Peter Drucker, *The Age of Discontinuity: Guidelines to a Changing Society* (New York: Harper & Row, 1969); Warren G. Bennis and Philip E. Slater, *The Temporary Society* (New York: Harper &Row, 1968).

[7] Robert L. Lineberry and Edmund P. Fowler, “Reformism and Public Policies in American Cities,” *American Political Science Review*, 67 (September 1967), 702.

[8] G. Robert Crain, Elihu Katz, and D. B. Rosenthal, *The Politics of Community Conflict* (Indianapolis: Bobbs-Merrill, 1969).

[9] Herbert Kaufman, “Administrative Decentralization and Political Power,” *Public Administration Review*, 29 (January-February 1969), 3-15.

[10] John Pfiffner and Frank Sherwood, *Administrative Organization* (Englewood Cliffs, N. J.: Prentice-Hall, 1960), pp. 189-205.

[11] Dwight Ink, “A Management Crisis for the New President: People Programs,” *Public Administration Review*, 28, no. 6 (November-December 1968), 546-552.

[12] James Fesler, *Area and Administration* (University, Ala.: University of Alabama Press, 1949), pp. 8-18.

[13] Charles M. Hardin, *Food and Fiber in American Politics* (Washington, D. C.: U. S. Government Printing Office, 1968); James Davis and Kenneth Dolbeare, *Little Groups of Neighbors: The Selective Service System* (Chicago: Markham Press, 1968).

[14] William H. Riker, *Federalism: Origin, Operation, Significance* (Boston: Little, Brown, 1964).

[15] Larry Kirkhart, "Public Administration and Selected Developments in Social Science: Toward a Theory of Public Administration," in Frank Marini, ed., *Toward a New Public Administration: The Minnowbrook Perspective* (San Francisco: Chandler Publishing Co., 1971), pp. 127-163.

[16] Harris, "Organic Populism."

[17] Rensis Likert, *New Patterns of Management* (New York: McGraw-Hill, 1961), p. 105.

[18] Likert, *The Human Organization*, pp. 160-166.

[19] For a full treatment of the suburbs as a model for neighborhood control see David Perry, "The Suburb as a Model for Neighborhood Control," in George Frederickson, *Neighborhood Control in the 1970s* (New York: Chandler Publishing Co., 1973), pp. 85-100.

[20] Frederickson, *Neighborhood Control*; Milton Kotler, *Neighborhood Government: The Local Foundations of Political Life* (Indianapolis and New York: Bobbs-Merrill, 1969); Charles S. Benson and Peter B. Lund, *Neighborhood Distribution of Local Public Services* (Berkeley, Calif.: Institute of Government Studies, University of California, Berkeley, 1969).

[21] David I. Clelland and William R. King, *Systems Analysis and Project Management* (New York: McGraw-Hill, 1968); David I. Clelland and William R. King, *Systems, Organizations, Analysis, Management: A Book of Readings* (New York: McGraw-Hill, 1969); George A. Steiner and William G. Ryan, *Industrial Project Management* (New York: Macmillan Co., 1968); John Stanley Baumgartner, *Project Management* (Homewood, Ill.: Irwin, 1963).

[22] Committee for Economic Development, *Reshaping Government in Metropolitan Areas* (New York: Committee for Economic Development, 1970).

[23] Vincent Ostrom, Charles Tiebout, and Robert Warren, "The Organization of Government in Metropolitan Aress: A Theoretical Inquiry," *American Political Science Review* 61 (December 1961), 831-842. See also Anthony Downs, *An Economic Theory of Democracy* (New York: Harper & Row, 1957), and James W. Buchanan and Gordon Tullock, *The Calculus of Consent* (Ann Arbor: University of Michigan Press, 1962).

第 6 章

教育与公共行政

93 大学为各种专业和民主的确保提供了最佳希望。

——弗雷德里克·C·莫舍：
《民主和公共服务》

新公共行政与教育密切相关，而且公共行政没有哪一个方面表明它比教育有更多的变化和发展。其实，公共行政的教育几乎是全新的。这并不是因为教育先于实践，而主要是因为它已经开始赶了上来。正如像公共行政这样的许多应用领域通常所存在的情况那样，理论成为实践的综合和表达。公共行政的情况必定是这样。公共行政的教育项目在规模和类型上有显著的变化。公共行政的教学方法也有变化。政府用人的数量水平和特性亦有所变化。而且，我们正在迈入一个公共行政教育大变革的时代。

6.1 公共行政教育 —— 规模、类型、结构

近 10 年来，美国的高等教育无论在入学人数上，还是在资源方面都已经稳定化了。学生的入学人数只是逐渐地增长，而且资金的年增量一直都低于通货膨胀率。我们已经度过了高等教育增长的伟大年代。在教育稳定的这段时期里，公共行政是成长最

快的领域之一。20 年前，美国大约只有 30 所院校具有公共行政硕士或曰公共管理硕士（MPA）学位授予权。1972 年，美国有 108 所院校可以颁授这样的学位，而 94
到了 1978 年，则大约有 200 个公共行政方面的项目。1972 年，美国公共行政专业共招收 12 600 名学生，其中，全日制学生 6 150 名，在职攻读学位的学生 6 450 名。到 1976 年，公共行政专业的入学人数几乎增长了一倍。在一个高等教育普遍处于沉寂的时期，这样的增长是非常显眼的。这样的增长无论是对于公共服务教育工作者，还是对于政府事务的管理人员，都产生了一些棘手的重要问题。其中的一些问题如下：公共行政项目如何组织？公共服务教育的课程开发中应该考虑什么样的职业特征和就业条件？必须或者应该指导公共行政教学法的理论前提或认识论前提是什么？以及，公共行政项目与高等教育其余项目之间应该是一种什么样的关系？

公共服务教育的组织

很少有人会怀疑政治学是公共行政教育的母学科。几乎所有早期的公共行政学者都是政治学家（例如，威尔逊、怀特、古德诺、威洛比和菲夫纳）。当今公共行政教育的组织模式在某种程度上便显现了这种世系。美国所有公共行政（管理）硕士（MPA）项目中大约有三分之一都是由政治学系提供或者是设在政治学系。

这种安排有各种各样的评估途径，而且任何一种评估当然都会是鉴定性的。理查德·查普曼和弗雷德里克·N·克里弗兰德在其报告《满足明天公共服务的需要：公共行政专业教育指南》中所做的分析可谓是对这种安排进行的比较丰富的分析之一：

> 虽然不是普遍情况，但通常情况下，公共行政项目教员的研究往往更具有应用性，而且他们的研究作为学术研究成果则具有更少的可应用性。这种情况 95
> 往往也适用于公共行政教员经常受邀参与的继续教育功能、非学位教育功能和咨询功能。在“论资排辈”的院系里，这些活动被判定为不太重要，并且在院系和大学的报酬体系中将一个公共行政项目的附属人员往往会被置于普遍不利的境地。此外，公共行政教员在系里往往是少数群体，除非该系的公共行政项目是由该系的领导发起或受其支持的，否则，每当涉及预算问题和新职位的分配时，他们常常会受制于票数而落败。[1]

这并不表明由政治学系颁授的公共行政（管理）硕士（MPA）学位凭力量组织不当，而只是强调与那个组织模式有关的问题。

我们在爱丽丝·斯通（Alice Stone）和唐纳德·斯通（Donald Stone）做的一个资料汇编中可以找到对这种情形的一种不太丰富的分析。他们追溯了公共行政（管理）硕士（MPA）项目的发展历程并且指出早期几乎所有的学位项目在政治学系中都是小项目。在 20 世纪二三十年代，美国的许多大学就有著名的公共行政院系并且有一些颇具活力的公共行政项目。这些学校包括加利福尼亚大学伯克利分校、斯坦福大学、锡拉丘斯大学、辛辛那提大学、威斯康星大学、南加州大学、明尼苏达大学、哥伦比亚大学、芝加哥大学和密歇根大学。只有锡拉丘斯大学和南加州大学的公共行政项目经久不衰并且仍然富有活力。加利福尼亚大学伯克利分校、密歇根大学和明尼苏达大学最近已经重新发现了公共行政的价值并且组建了完备的公共政策学院或公共事务学院。这每一个项目现在都设在独立自主的公共事务学院中，与此同时，其他学校的项目则已经消失或者相当逊色并且在范围上具有更多的
96 区域性。斯通二人最后得出结论说，公共行政项目在大学里的组织方式对于其寿命具有决定性的影响，而且政治学系的这种项目往往很容易受到责难。[2]

在此，我们可以觉察到两个趋势。第一，许多在传统上附属于政治学系的公共行政（管理）硕士（MPA）项目已经发展成为独立的公共行政学院或公共行政系。加利福尼亚大学伯克利分校新成立的公共政策学院、明尼苏达大学的公共事务学院、亚利桑那州立大学的公共事务学院、印第安纳大学的公共与环境事务学院、特拉华大学的都市事务分部、科罗拉多大学的公共事务研究生院以及许多其他学校都已经选择了这个方案。第二，以前没有设置公共行政（管理）硕士（MPA）项目的大学现在也已经在政治学系开设了许多新的公共行政（管理）硕士（MPA）项目。这似乎表明，至少，政治学系为开设公共行政项目提供了一个很好的起点，然而，从长远来看，政治学系很难维持这样的项目。

重要的是，我们应该看到，政治学正在强烈地转向更具应用性的主题。政策研究组织（Policy Studies Organization）的成长与活力以及《政策研究杂志》（*Policy Studies Journal*）的销售量似乎表明，愈来愈多的政治学家已经关注与政策相关的主题。这也许表明，在政治学系中可能会发展出更多的公共行政项目，或者至少可能会发展出更多的政策研究或政策分析项目。

对于公共事务教育而言，在大学里第二个最常见的安排是成立一个独立的公共事务学院。这些学院的规模涉及从几个学系到印第安纳大学公共与环境事务学院的八十五个教员。在公共行政领域几个具有很高声望的老牌公共行政学院中，比较有
97 名的包括锡拉丘斯大学的马克斯维尔学院、南加州大学的公共行政学院、匹兹堡大学的国际与公共事务研究生院、纽约大学的公共事务学院、纽约州立大学阿尔巴尼分校的公共事务学院、普林斯顿大学的伍德罗・威尔逊学院、哈佛大学的约翰・F・肯尼迪政府学院、美利坚大学的公共行政学院、华盛顿大学的公共事务研究生院，等等。以上的所有这些学院至少都具有 20 年的历史，而且它们都在公共事务教育方面占有一种特殊的地位。

最近有几所享有盛名的美国大学也已经成立了独立的公共事务学院，其中包括明尼苏达大学、密歇根大学、亚利桑那大学、加州大学伯克利分校、科罗拉多大学、印第安纳大学，得州大学奥斯汀分校、卡内基-梅隆大学以及亚利桑那州立大学。有趣的是，后面所列举的这些学校几乎都是近十年的产物，而这十年大概是美国高等教育的一个萧条时期。

当然，这种安排方式并不是没有它的问题。第一，一个分立的公共行政（管

理）学院可能会像其他的任何一个院系一样孤立于该校的其他院系。分立可能已经包含了与政治学系以及其他社会科学院系的紧张关系。第二，这些学院在其所属的大学中是新成立的，因此，它们势必在资源争取方面落居于后。不过，到此为止，这些学院似乎多数都办得很好。第三，将一支跨学科的师资队伍整合在一起总是很难的一件事情。这些学院的师资配备情况——亦即基本上受过公共行政学教育的教员与接受社会科学教育的教员之比率是一个关键性的问题。

然而，即便是存在这些问题，公共事务学院的发展看起来似乎也是最近十年来美国高等教育最重要的创新之一。

公共服务教育的第三种最常见的安排是同商学院结合在一起。许多著名的公共行政项目便是这样组织的，其中包括康奈尔大学的公共行政项目、位于堪萨斯市的 98
密苏里大学的公共行政项目、加利福尼亚大学欧文分校的公共行政项目、加利福尼亚大学河滨分校的公共行政项目、亚利桑那大学的公共行政项目、斯坦福大学的公共行政项目、西北大学的公共行政项目、俄亥俄州立大学的公共行政项目以及耶鲁大学的公共行政项目。这些学院有许多都是真正"类属性的"（generic）；也就是说，这些学院教员与学生的主体构成在商业倾向与公共倾向之间保持着很好的平衡状态。然而，许多其中含有公共行政项目的商学院基本上都有同政治学系中的公共行政项目一样的问题。学生和教员的主体部分都是工商管理的，而且公共行政项目则变成了该学院的一个很不重要的小角色。

最近 5 年来，商学院已经变得非常关注公共部门。结果，其中的有些商学院已经将其名称更改为行政学院、管理学院或行政科学学院，而且它们已经要么开发了工商管理硕士（MBA）的公共部门研究方向，要么单独设立了公共行政（管理）硕士（MPA）项目。耶鲁大学新成立的行政学院所颁授的便是公私管理硕士学位（MPPM）。更多成立许久的商学院已经成为其毕业生进入公共服务领域的入口点，哈佛大学商学院和芝加哥大学商学院的情况尤其如此。

当然，这种情况的前提在于，管理是一个需要教授的核心主题并且学生能够将这些管理技能要么适合于公共情境，要么适合于私人情境。尽管我们很难找到这种类属性学院的逻辑缺陷，但是有证据表明，这种情境下的公共行政教育存在着严重的成长问题和成熟问题。对这种类属性学院教员的要求可能与其专业性服务对象的要求不一样。这种类属性学院可能会忽视工商管理专业学员与公共行政（管理）专业学员之间的根本差异。工商管理专业的学员来自于企业和产业界，而公共行政（管理）专业的学员则来自于政界。我们可以合乎逻辑地认为，管理应该既是工商管理硕士（MBA）的核心，也是公共行政（管理）硕士（MPA）的核心，而且， 99
学生要么能够适应于公共情境，要么能够适应于私人情境。然而，这样的逻辑很可能会弱化企业界历来对商学院的支持。笔者要强调的是，聘用大部分工商管理硕士（MBA）的公司和企业在其专业定向和专业需要方面都不同于联邦政府官员、州政府官员和地方政府官员。人们可能低估了试图在一个学院并且在一个学位项目中满足这两种顾客偏好的难度。

最近，公共服务教育最有趣的发展之一涉及公共行政与其他公共服务专业之间的关系。有一些新成立不久的学院将诸如犯罪学、都市与区域规划、社会服务行政、娱乐与公园行政、社区发展等诸如此类的公共服务专业放在一起。这种安排有许多种变化形式。比较著名的学院包括俄勒冈大学的莉娜·阿奇森·华莱士（Lila Atchison Wallace）社区与公共服务学院、辛辛那提大学的社区服务学院以及位于波士顿的马萨诸塞大学的公共与社区服务学院。在密苏里大学，公共行政研究院横跨整个校园，它涉及文理学院、工程学院、医学院、公共与社区服务学院以及工商管理与公共行政（管理）学院，而且由工商管理与公共行政（管理）学院负责管理。这些新设立不久的项目可能有助于了解公共行政实践中的一个发现已久的根本问题，亦即：实际上存在着若干个公共服务专业。每一个专业在逻辑上都是大学里的一个独立学系或学院。例如，约翰·C·弘尼在 1967 年发表的“报告”就极力主张将这些项目整合在一位负责公共服务或社区服务的副校长名下进行管理。有些大学已经采取了这样的安排，例如，马里兰大学和杜克大学就是如此。

在这个主题上的另一个变化形式是学位项目的结合。例如，我们当下常常会发
100 现公共行政（管理）硕士（MPA）学位同法学博士（JD）结合在一起。我们还会发现有愈来愈多的公共行政（管理）硕士（MPA）同社会工作硕士（MSW）结合在一起。这种安排的最佳例子当数杜克大学的政策科学与公共事务研究院。在杜克大学，公共行政（管理）硕士生必须同时取得公共行政（管理）硕士学位和某种其他学位。目前，同公共行政（管理）硕士（MPA）结合的正式学位项目有医学博士（MD）、神学博士（DD）、法学博士（JD）以及社会工作硕士（WSW）学位项目。

重要的是我们要记住，美国的公共服务教育作为一种有组织且具有自我意识的活动还很新。于是，我们不应该对美国大学公共服务教育多样化的组织方式感到惊讶。事实上，根本不存在任何标准的或公认的程式。在这一点上，人们往往会莽撞地认为，一种方式比另一种方式更好。我们应该鼓励每一所大学对公共服务教育有自己所偏好的组织方式。我们还应该补充说，应该鼓励每一所大学支持其所选择的公共服务教育安排。应该显而易见的是，公共服务教育已趋成熟，而且大部分重点大学都已经为此而使公共服务教育项目定了形。公共服务教育的成熟很可能会导致大学里出现一个很标准的程式。商学院的快速增长以及它几乎同经济学科的完全分离——工商管理就是从经济学科中出现的——也许就很能说明问题。其他新兴专业发展的经验似乎会表明，公共行政的独立学院或项目很可能会成为未来最常见的程式。

就业特点与公共服务教育

从 20 世纪 40 年代一直到 20 世纪 70 年代，伴随着公共服务的迅速增长，美国经济从物品的生产无情地转向服务的供给。这种情况在经济的服务方面普遍增长的
101 条件下本不应该令人惊讶。这一时期对美国就业状况的所有分析都表明，进入公共

部门就业是增长速度最快的两三个就业领域之一。

在过去的10年中，这些增长领域内已经出现了明显的转向。例如，过去的五六年，联邦政府文职部门的雇员一直都稳定地控制在300万人以下。此外，联邦公共服务系统在已经伴随着华盛顿的工作减少和地方与区域性机构工作的增多而不断地分权。在20世纪60年代中期到70年代中期之间，州级政府雇员的人数增长得非常迅猛。那种增长模式现在看来似乎稍有减缓。随着州级雇员聘用增长速度的开始减慢，包括县郡和特殊辖区雇员聘用在内的地方政府雇员聘用人数一直在加速增长。而且，最为重要的是，我们眼前所见到的是公共雇员聘用正在达到平衡。公共教育伴随着“婴儿叫声”（baby boom）穿过各个学院而开始走下坡路，并且它很可能会随着美国人口增长的锐减而继续衰落下去。而且，州一级的支出和岁入控制——例如，加利福尼亚的第十三号建议案——已经导致了州政府和地方政府的人事紧缩。

重要的是，我们应该记住，公共服务具有高度的异质性，它直接关涉大学的各个不同单位。公共工程部门的雇员来自于工程学院，规划人员来自于规划学院或规划项目，社会工作者来自于社会工作学院，等等。人们往往错误地假定，所有这方面的增长总是与公共行政有关联或者普遍受到公共行政的影响。然而，公共行政工作已经伴随着政府的普遍增长而增长了。公共行政已经倾向于关注公共部门中那些与管理功能有关的部门——预算、采购、会计、人事行政、审计、税收、政策分析以及诸如此类的功能。这些部门一直都是公共行政（管理）硕士（MPA）毕业生稳定的就业储备库。然而，公共行政（管理）硕士正逐渐发展成为所谓的“实质行 102
政”（substantive administration）或“项目行政”（program administration）。越来越常见的是，公共行政（管理）硕士（MPA）成为社会服务部门的领导，或者成为州环境保护机构的领导，或者成为市警察局的领导。因此，现代的公共行政（管理）硕士（MPA）看起来似乎必须不仅仅是在一般意义上懂得管理，或许还要通过知道如何管理某项职能或另一项职能而获得优势地位。

虽然从事公共服务职业很令人向往，而且多数公共行政（管理）硕士毕业生都可以找到好工作，但是问题然存在。

公共行政教学法的问题

如同公共行政领域业已出现的增长一样，公共服务教育的特性也已经发生了许多变化。这些变化构成了在此只能粗略勾画的一种复杂的难题。然而，较之前述公共服务项目在大学的安排方式问题和就业市场的特征问题，所有这些变化对于公共服务的质量更为重要。

或许，课程设置方面最基础并且是最根本的变化涉及的是公共行政人员的职业化和证书获得问题。尽管这是继其他专业——尤其是法律、医学以及教育乃至工商管理、社会工作等更新的专业——之后很自然会发生的情况，但是，就公共行政而言却存在一种明显的差异，这种差异涉及公共行政领域的起源。公共行政产生于政治学，而且政治学是一门社会科学并且是人文学科的一个组成部分。回溯英国的高等教育，人们长期以来一直认为，一流公务员的最佳教育要求是接受广博的人文教育。在美国功绩制的早期阶段，一般的管理人员被假定是“绅士行政人员”（gen-
103 tleman administrator）的美国版本。然而，随着功绩制在美国的发展，已经普遍出现了人文学科与组织理论、七项行政管理职能（POSDCORB）和分析技巧等实质性知识的很好结合。

任何一个了解现代《专业行政能力考试》（PACE）的人都会深深地感到需要一种发展完善的管理理论或组织理论以及公共服务专业化方面的知识。这已经对教学——尤其是公共行政（管理）硕士（MPA）学位教学——的本质产生了一种意义深远的影响。起初，教学基本上是采用情景式教学方式，旨在培养学生很好地了解政府的实际运作情况。旨在培养公共服务通才的公共行政（管理）硕士（MPA）学位教育至今仍然很常见，这种培养取向在政治学系设置的公共行政（管理）硕士（MPA）项目中尤其明显。几十年来，广泛采用的教学工具便是案例研究，尤其是大学校际案例项目提供的案例研究。

基于情景的通才化公共行政（管理）硕士（MPA）学位课程很快便被另外两种通才化课程所取代，这两种课程关系密切。第一种是旨在培养管理通才的公共行政（管理）硕士（MPA）学位项目；第二种则是旨在培养政策分析人员的公共行政（管理）硕士（MPA）学位项目。旨在培养管理通才的公共行政（管理）硕士（MPA）学位项目要求学习的课程较多，包括组织理论、领导、人际技巧、预算、人事、计算机应用、分析技巧以及经济学。而旨在培养政策分析人员的公共行政（管理）硕士（MPA）学位项目只要求学习少量管理主题的课程，而更多强调的是对定量分析技能、经济学以及计算机技术的掌握。许多新设立的公共行政学院，尤其是明尼苏达大学的公共行政学院、密歇根大学的公共行政学院、加利福尼亚大学伯克利分校的公共行政学院、卡内基-梅隆大学的公共行政学院以及得克萨斯大学的公共行政学院，都明显地具有培养政策分析通才的倾向。

这些学院在用词上有一个更有趣的特点，它们都尽可能地不使用“公共行政”这个术语。就大学的课程排序而言，政策分析、公共政策管理以及政策技能均被视
104 为较高层次的教学形式。在许多人的脑海里，公共行政仍然涉及的是对政府日常管理程序的一种“螺栓—螺帽式”的探讨。因此，尽管公共行政（管理）硕士（MPA）学位教育明显出现了偏离通才型行政人员和情景课程教学的情况，但是目前流行的管理和通才化的政策分析似乎仍然使学生和潜在的雇员（而且最有可能使得其大学同事）牢记了公共事务教育的重要性。毕竟，公共行政不是行业性的。

作为一名即将从其担任数年的明尼苏达大学公共事务学院首任院长职位上卸任的经济学家，约翰·布兰戴尔（John Brandl）最近发表的一篇论文很有启发性：

> 于是，在 1968 年到 1971 年这段不算长的时期里，大约有十几所重点大学都决定通过成立一个新的公共事务或公共政策研究院或学院的方式来翻新或取代公共行政项目。为什么在这段时期会发生这种情况呢？20 世纪 60 年代美国

> 联邦政府国内政策的规划与评估史无前例地涉及到了应用社会科学。作为新政与社会工程联姻的“伟大社会”（Great Society）改革项目也接着出现了，而且这项改革在某种程度上模仿了罗伯特·麦克纳马拉（Robert MacNamara）部长领导下的国防部采用成本—收益分析、计划—规划—预算制度以及高级计算机技术的做法。一个教授这些方法的新学院可能会是非常有经验的、折衷的、有用的、有量化分析的 —— 总之，质量不错的（respectable）。[3]

这类“质量不错的”的项目已经成长和发展起来并且正处在旺盛时期，而且，它们无疑还将会继续兴旺下去。然而，作为一个最佳猜测，我认为它们充其量也只不过是公共行政的一种研究途径而已。或许，主导的研究途径将会继续是政府科学与管理科学的结合（这便将管理的主题与分析的主题分离开）。而且，这样做的一个必然结果将会是公共行政（管理）硕士（MPA）学位项目中为学生设置一个“政策专业方向”（policy specialization）或某种程度的实质性专业方向，例如，都 105
市行政、环境行政以及公共安全，等等。

这样很可能会继续存在那种认为公共行政既不是一个领域、一个专业，也不是一个学科的论点。[4]我认为，公共行政未必是一个学科，也不应该是一个学科。即使公共行政不是一个专业，但它必定已经具备了一个专业的许多特性；而且，如果说公共行政不是一个跨学科的领域，那么或许根本就不存在这样的东西。

但是很显然，目前尚没有哪一个理论体可以主导这个主题。因此，我们可以说，公共行政存在着思想危机。[5]如果我们假定必定有该领域所有的人都认同的一个单一范式的话，那么或许倒是真的存在着一种思想危机。例如，经济学科就已经对公共政策或政策分析学院产生了一种非常严重的影响。另外，有趣的是，我们在此再次引述约翰·布兰戴尔从一个政策与量化取向的公共事务学院院长职位上卸任时所说的一段话：

> 在一个公共政策学院中实际存在着某种关于经济学跨学科帝国主义的东西。如果仅就教学法而言，经济学在形式上的雅致和实践上的有用使其具有一种核心地位。尽管它很好，但是其缺点在于它不能引起人们对新学科的探寻。之所以可能不存在任何公共政策分析的学科，其准确的原因在于公共政策分析这个主题的中心存在着人们发现和处理公共事务的各种不同的观点。一个公共政策学院应该为其学生进入一个专业而非一个学科做准备。现在所面临的挑战并不是要为面对各种问题发展出一个单一的通识性框架，而是要使学生能够在逐渐了解各种发现公共事务和处理公共事务的方法同时培养自己坚定的信心。[6]

于是，一个最佳的猜测便是，在不远的未来公共行政教育将会蕴涵着各种模式或范式之间的一种对话。当然，探讨公共行政的人力资源途径已经得到了很好的发

106 展并且有许多重要的理论家和拥护者。探讨公共行政的政治途径同样也得到了很好的发展，那些具有强烈政策和行政取向的政治学家尤其对这个途径的发展做出了贡献。公共选择学派的经济学家坚信自己的观点。公共行政领域很可能会经历一段不同观点之间相互激荡的时期。因此，与其说公共行政是一个经验或理论都很贫瘠的领域，倒不如说事实正好相反。公共行政在理论和观点上都十分丰富，而且，如同医学和教育领域一样，它们也许根本不需要一个公认的单一理论。其关键点在于，政府事务的管理人员所从事的活动具有高度的变动性和差异性。我们不可能指望哪一个单一的理论或概念能够囊括所有这些活动。

多数公共行政项目都规定了专业方向科目、核心科目或选修科目。这些专业方向科目有许多都涉及管理功能——例如，预算、人事等方面。其他科目则涉及诸如执法、国际事务、环境事务、都市事务、健康行政等政策领域。其实，有一些学院采用了它们的专业方向名称，例如，国际与公共事务研究生院、公共与环境事务学院、都市事务学院。这些专业方向通常包括多达十五个小时的课程学习任务并且常常会吸引潜在雇主的关注，因为至少人们假定这些学位教育项目的成果能够直接做一些具体的事情，而不是通才。“通才型的专家”（a specialist in generalization）这个古老的公共行政术语自此已经从公共行政词汇和课程中消失很久了。在《未来的行政主管：未来管理者指南》一书中，哈兰·克里弗兰德试图通过迫切要求公共行政人员能够“把握整体局势”（sees the situation as a whole）来恢复“通才型的专家”。[7]

107 公共服务教育长期存在的一个问题涉及该课程设置目标所指向的政府层级。例如，堪萨斯大学和南加州大学的公共行政项目就已经定位于为地方政府管理培养人才，尤其是为城市管理培养人才。直到最近几年，哈佛大学肯尼迪政府学院、普林斯顿大学伍德罗·威尔逊学院以及锡拉丘斯大学马克斯维尔学院都非常强调为联邦层级的政府工作培养人才。在某种程度上，虽然它们的课程反映出这些工作的层级，但是这种强调却微乎其微。或许，在课程设置上通识化最为过量的当数城市管理。美国的城市经理不足 2 500 位，所以，利用城市经理作为公共行政人员的样本，这样不仅会使人误入歧途，而且教学法上也缺乏说服力。如果说有区别的话，那么城市管理则是一种具有高度独特性的公共服务职责。大部分其他的公共服务职责更具有典型性，至少在组织理论的意义上可以这么说。有人接下来一定会很想知道，我们为什么还要继续痴迷于让城市经理学习公共行政课程呢？

第二个问题并非与第一个问题有什么不同。显而易见，人们非常强调的是公共行政的文献以及关于联邦决策制定和中央政府职责的课堂教学。而人们很少明白的是联邦政府很少处在某一给定公共服务的传送层面，一般性的大政方针可能会由中央政府来制定，而其贯彻落实的任务则可能会交由州级政府和地方政府来完成。人们往往会不合逻辑地假定，鉴于一个学生具有的知识——比如说，具有国民健康政策方面的知识——将会有特殊的用途，所以这个学生最终就应该去管理一个邻里健康中心。简言之，公共行政在很大程度上仍然尚处在按照它所涉及的课程来挑选政府层级这个问题的过程之中。在美国高等教育的所有研究生培养领域中，公共行政已经成为最具有创造力并且最具有挑战性的领域之一。美国多数大城市研究生层次半职或在职公共行政学位项目的发展不仅在公共服务的教育上有很大的差异，而且 108
在公共行政的实践上也大不相同。

这样一来，从公共服务专业到公共行政便建起了许多桥梁。1973 年，在职学生几乎占到了公共行政领域学生人数的一半；1976 年，在职学生的人数已经超过了全职学生的人数。实际工作领域具有工程学士学位的公共官员之所以可能会选择攻读公共行政硕士学位，其原因不仅在于他们认识到自己所从事的是公共行政工作，而且还在于公共行政硕士学位可以以一种在职学习的创新方式获得，而工程硕士学位或公共工程硕士学位或许不行。我们公共行政教育创新性在职学位项目的长期效应也许会比任何一个单一的因素更强烈地影响到公共行政领域一个广义概念的发展。“公共行政是每一个人的第二专业”（Public administration is everyone's second profession）这句话已经成为耳熟能详的话语了。许多起初学习了某个公共服务专业的人士现在已经在官僚体制中平步青云并且正在很明白地从事着公共行政实践，他们首先学习公共行政，其次才学习他们最初的政策或非管理专业方向。

这些只是公共行政所面临的一部分课程问题。幸运的是，这个领域很有活力，并且改进的前景很可观。全美公共事务与公共行政学院联合会（National Association Of Schools Of Public Affairs and Administration，NASPAA）代表该领域的各个学院现在已经采用了公共行政（管理）硕士学位（MPA）的指导原则和标准。这些指导原则和标准起码将会作为各个学院能够据以进行自我评估、能够审查明确表达其课程设置前提的过程以及能够确定其改进意见的一个共同的参照系。此外，这些指导原则要求公开不同项目的特色并且会使得各个学院能够相互学习。如果说公共行政将会变得越来越专业化，那么全美国公共事务与公共行政学院联合会将会大大地促进这个目标的实现。

6.2　公共行政教育、高等教育的其他领域与公共服务之间的关系

109
伴随着公共行政的日益专业化，它很可能会具有与其他专业学院和项目有关的特征。按理说，我们应该成立视察委员会就课程的内容向院长和教员提出咨询建议，我们同样也应该努力为攻读公共行政学位的学生在公共服务领域开拓一些特殊的位置或特殊的地位。读者应该会很自然地知道许多公共服务职务在一个人能够获得某一给定职位之前常常有一个特定的学位，例如，某些社会工作职务、教学、法律等方面的情况就是如此。按理说，公共行政学院和公共行政项目还应该会迫切需要有包括获得一个学位要求的工作描述。

如果说当代公共行政教育存在不足的话，那就是它的经验基础薄弱。由于公共行政领域主要是从各个学科和其他专业借鉴来的，所以公共行政所利用的大部分经

验成果都是在各个学科内部完成的。因此，许多重要的主题都“落入夹板之间”（fall between the slats）了。例如，我们对于公共官僚体制中一线机构和参谋机构之间的互动就没有一个丰富的知识体。另一方面，我们对于教育支出的决定因素或员工士气与生产率之间的关系却了如指掌。伴随着公共行政教育的不断发展，公共行政很可能会在经验上不断增长并且会填充夹板之间的空间。表 6—1 所表明的是对这些要点的简要考察。

表 6—1　　新公共行政的教育

起点	过渡	到达
与政治学密切相连的公共行政（管理）硕士（MPA）学位项目	独立设置的公共行政（管理）学位项目	连接到或与诸如社会工作、公共卫生、规划等其他公共服务教育项目相连的公共行政（管理）学位项目
公共行政的职前教育	公共行政的在职教育	公共管理的继续教育
为了管理或参谋功能的公共行政（管理）教育	旨在培养分析技能的公共行政（管理）教育	将管理同诸如都市管理、国际管理、环境管理等实质性专业方向联系起来的公共行政
作为七项行政管理职能（POSDCORB）和“原则”的公共行政教育	具有高度情景性的公共行政，例如人类关系、政策分析、管理科学，等等。探索一种模式。	作为一种范式对话的公共行政
强调公共行政教育中的行政	强调公共行政教育中的中立分析和描述	强调公共行政教育中的伦理和公共利益

6.3 结语

人们是否假定公共服务的改进将会导致政府能力和效益的普遍提升呢？以上讨
110 论的所有趋势、活动和策略都必须根据这个目标加以判断。我们不应该假定公共行政教育的增长和发展与政府的质量之间存在有一种因果关系。正是在这个层次上，必定存在着一种辩证法。

111 若以另一个专业做类比，我们是否能够假定民众的普遍健康状况已经因医学院的出现与增长而得到改善了呢？法律和教育领域的情况是否也同样可以这样说呢？这毕竟是一个可以争辩的问题。政府的质量是否对生活质量有积极的影响？这也是一个可以争辩的观点。能够假定、明确表达并且辩护公共行政教育和政府质量之间存在着一种正相关并且能够清楚地证实这些关系，这似乎是专业公共行政教育者义不容辞的责任。如果没有这样一种辩证法，公共服务教育将会变得空洞无物并且为自己的利益服务。

笔者相信，新公共行政以及与社会公平有关的价值具有改进政府实践进而改善生活质量的最大潜力。这些概念和价值正是通过大学，尤其是通过现代公共行政项目得以传授的。

注释

[1] Richard Chapman and Frederic N. Cleaveland, *Meeting the Needs of Tomorrow's Public Service: Guidelines for Professional Education in Public Administration* (Washington, D. C.: National Academy of Public Administration, 1973).

[2] Alice Stone and Donald Stone, "Appendix: Case Histories of Early Professional Education Programs," in Frederick C. Mosher, ed., *American Public Administration: Past, Present, Future* (University, Ala.: University of Alabama Press, 1975), pp. 268–289.

[3] "Public Service Education in the 1970's," School of Public Affairs, University of Minnesota, Mimeo, January 1976, p. 2.

[4] Richard L. Schott, "Public Administration as a Profession: Problems and Prospects," *Public Administration Review*, 36, no. 3 (May-June 1976), 253–259.

[5] Vincent Ostrom, *The Intellectual Crisis in American Public Administration* (University, Ala.: University of Alabama Press, 1973).

[6] Brandl, "Public Service Education," pp. 7–8.

[7] Harlan Cleveland, *The Future Executive: A Guide for Tomorrow's Managers* (New York: Harper & Row, 1972).

第 7 章

20 世纪 80 年代的公共行政

112 也许，当参与者把行政界定为职位的占有而不是界定为完成组织使命的必要成分时便会产生对行政过程最广泛的限制。

——詹姆斯·P·汤普森：
《行动中的组织》

对新公共行政的考察最终将会导致对两个很一般性问题的考察。第一，公共行政在未来的十年和下一代中会是什么样子？第二，公共行政在未来的十年和下一代中应该是什么样子？尽管这两个问题可以分开陈述，但是，它们二者不仅有交叉重叠之处，而且它们完全可以混合成同一个问题：我们在未来的十年和下一代中将会为我们自己创造一种什么样的公共行政呢？

威廉·G·斯科特和戴维·K·哈特在其富有洞察力的研究成果《有组织的美国》一书中指出，20 世纪一直是美国人的世纪。高科技和完备的组织技能导致了美国在 20 世纪的主导地位。[1]美国这个国家规模的日趋庞大和复杂性程度的日益增强似乎需要有大规模的复杂组织来使其运转起来。我们的生活被那些我们称之为组织的大型人工—技术引擎所包围。我们怎样才能使那些引擎（我们的引擎）对 20 世纪 80 年代的议题和问题做出回应呢？

如果我们碰到这些问题，那么我们必须认识到组织基本上是在价值的范围内运
转的。公共行政的传统价值已经很适合我们，它们经受了时间的检验。效率的价 113
值——犹如在给定的资源水平下所能够获得的那么多功效——将永远是公共行政基础的一个组成部分。同样，经济的价值——在给定的或期望的生产率水平下尽可能少地耗费资源——也将继续存在。我们将继续强调与有效的理性决策过程有关的价值，据此，我们组织才能够变得富有生产率。而且，我们将继续高度重视公共组织运行的规范性背景：第一，民选官员的最终职责在于做出公共选择；第二，法院的宪政权威在于对法律做出最终解释；第三，所有其利益都要经过公共政策制定过程协商的群体才具有合法性；第四，每一个公民个体都享有权利和尊严；第五，承诺有一种规定以公正的工资标准充分就业并且支持促进普遍繁荣和大众福利的住房供给、消费品供应和经济增长的经济体系。这些传统的价值在 20 世纪 80 年代就像它们在过去一样重要。然而，尽管这些价值是公共行政的必要条件，但它们却不是公共行政的充分条件。

公共组织在 20 世纪 80 年代要有成效，就需要大大地增强其回应力。回应力的关键在于组织对变革的适应力。社会变革、经济变革和政治变革的过程将会继续加快，进而使得组织的适应力至关重要。现代组织有效领导的关键标准之一将会是促进组织适应的过程。一流的领导者必须学会对社会变革、经济变革和政治变革做出预见并且要学会利用这些变革。有些时候，变革的模式将会需要组织增长。但是，同样也有许多时候甚或是更多的时候，这些变革过程将会需要组织的衰退、缩减以及放权。20 世纪 80 年代的优秀管理者将会有效地审视政治水平、经济水平和社会
水平并且会有效地领导这种适应衰退或增长的过程。要做到这一点，领导者将需要 114
懂得现代技术，尤其是要懂得信息传播的技术。但是，如果领导者要想有成效，他们则不能沦为电脑、电话和电视的俘虏。组织变革与其说可能会是对技术解决方案的应用，倒不如说更有可能会是富有想象力的政策和艰难的经济选择、政治选择和社会选择的结果。

有效的公共行政人员将会继续成为实现公共目标的各种备选方案的“理性计算者”(rational calculator)。但是，人们将会越来越认识到公共目标的竞争本质和冲突本质、认识到多数人统治规则和少数人权利之间的张力，并且会认识到对用更少资源提供更多公共服务明显持续的需求。行政理性将会越来越不是意味着目的和目标的抽象概念，而是意味着就特定公共项目达成的一致协议。这将要求行政人员充分参与到选择的做出和规划过程之中。优秀的行政人员将会是规划者，而且，规划和行政的过程将会浑然一体。行政人员将会知道利用组织可以做很多事情。但是，仅此尚不足以成为试图做每一件事情的立论依据。关键是要了解应该做什么以及做其中的多少事情。

对于某些人来说，关于现代公共行政人员的这种描绘可能有些吓人。其实，维克多·汤普森已经指出，那些同新公共行政有关的人士都在“厚颜无耻地试图‘窃取’人民主权”[2] (brazen attempt to ‘steal’ the popular sovereignty)。他设想了一个公共行政人员在其中可以作为价值中立的官员执行行政指令和立法命令的政

治、经济和社会世界。真是无稽之谈！公共行政人员不是而且也不应该是执行一项他们所没有参与制定的公共政策的“中立”机器人。他们的工作不像是裁判员或仲裁者的工作。事实上，他们是参与竞赛的运动员。他们是受聘执行公共意志的专
115 家。你能要求一位诸如校长这种训练有素的高技能人才对教育保持中立吗？我肯定不会要这样的一位校长，我想其他任何人也同样不会想要这样的校长。如果这位校长不中立的话，那么其价值应该是什么呢？我们会假定一种对教育的不断献身；我们会假定一种对效率、经济和理性的献身和承诺；而且我们同样会假定一种对公平提供教育服务的承诺。你会期待这位校长作为居住地的地方教育事务专家充分地参与教育政策的制定，通过其各种利益集团同公民、学校董事会以及其他的民选官员打交道，同州政府和联邦政府的相关教育管理机构打交道。如果我们要求这位校长善于有效地提供教育服务，那么我们能够要求他或她在为了谁的教育这个问题上没有任何利益倾向吗？新公共行政坚持认为，这位校长应该处在这个问题的核心，应该深切地关注分配问题及其社会后果、经济后果和政治后果。这位校长应该提供引导，并且不仅要倡导优质教育，而且要倡导为了全民的优质教育。

尽管这个观点在本书中与所谓的新公共行政有关，但是我认为，最出色的公务人员总是以我们刚刚描述的那种行为方式发挥作用。与其说他们在窃取公共主权，倒不如说他们正在使那种代表最广泛公民的主权能够得以最充分的表达。

7.1 个人和组织

在美国，最近有两项关于当代组织的重要研究基本上得出了类似的结论。我们的世界越来越受组织所主导。我们正在体验斯科特和哈特所谓的组织规则（organizational imperative）。他们特别提到：

116 没有哪一个当代的问题比伴随着现代组织支配地位的增强而出现的价值问题更重要：组织价值对个人价值的替代已经伴随着出现了一种必不可少的管理人员新权力精英。我们根本不应对此表示惊讶，因为我们有足够的前车之鉴。现代组织对美国价值的影响早在20世纪50年代就开始受到相当的关注，这个十年因自满情绪和市侩作风而遭到了许多责难。20世纪70年代早期，这种影响又一次开始使得某些人相信有一股明显难以平息的力量已经被调动起来了：现代组织——一种较之宗教、政治和经济更为强大有力的存在——管理者在其中扮演着一种独特的现代角色。他们是现代组织和广大生产性—消费性公民之间的人类调解员（human intermediaries）。管理者必须通过有效利用资源以增加物品和服务来调节组织的需求。这种功能的成功实施已经成为现代公共组织和私人组织合法性的主要基础。通过组织，管理者已经承担了一种合法性调解员的新角色。

> 然而，到现在为止，现代组织带着一种惯性辩证法独立前行，而且受制于这种庞大政府——或公司或大学——的个人明显地既无力影响这些组织，也无力逃脱这些组织。要想在这种新的秩序下生存，所有的人都必须符合现代组织的要求，而这正是问题之所在。[3]

于是，一个重大的问题便是尊严、价值以及在组织里工作的个体的重要性和其需要可能会由该组织满足的个体的重要性。

在对我们的组织状况进行了一番精彩的分析之后，斯科特和哈特最后提出了他们所谓的"可探索的未来"，其主要特征是美国具有成为集权国家的趋势。他们认为，"现代组织是集权主义的基本特征，因为现代组织是主要的控制手段。"[4]他们进一步认为，我们现在尚未处在一个完全有组织的状态并且尚未被极权主义所接管的唯一原因就在于还"残留有对过去个人价值的承诺，而这种残留的承诺使我们免于完全受制 117
于现代组织。这种根除个人主义价值残余的强制力正在把美国带向现代革命的边缘"[5]。

他们然后又问道："谁将会向组织规则提出挑战呢?"斯科特和哈特断定，改革之所以不会来自于重要人物，其原因主要在于发动改革不符合他们的利益。他们之所以也不看好小人物，其原因在于小人物无权无势，是现代组织就业的主要受益者，而且还"经常地被告知他们有好运，能够享用不尽的消费品"[6]。斯科特和哈特最后得出结论说"专业人士发动改革最符合实际"：

> 改革之所以能够源自专业人士，其原因在于对于变革的大众支持越来越多而且专业人员具有将这种支持凝结成一场改革运动的技术专长和组织专长。倘若专业人员在正确的时间利用正确的技能处在正确的位置，他们还会接受这种曾经强加给他们的责任吗？有一个机会可以使美国避免陷入极权主义的泥潭。将专业人员正确地定位成为支撑社会变革的动力。如果他们不上升到这个责任，那么改革就绝不会发生。他们可能会领导这场革命，因为他们中有许多人还太年轻以至于会接受新思想，他们具有一种共同的管理语言和管理技巧，他们了解组织并且知道如何"为有效的行动而组织和协调民众"，而且最为重要的是，专业人员无论在工作中，还是在工作之外，都同平民百姓很接近，以至于他们能够深切地体会到平民百姓的困难和渴望。由于20世纪60年代的激进分子使用的是一个受压迫劳动阶级的陈腐模式，所以他们不可能与平民百姓结成有效的联盟。他们不可能像专业人员所能够的那样理解平民百姓。[7]

要做到这一点，专业人员首先必须认识到，虽然自己永远不会成为重要人物， 118
但却总是可能会成为很稳定的专家。他们需要明白自己将扮演的是追随者的角色。他们将需要自愿地在一起工作，而且在某些情况下还要"集体性地"对重要人物的保守主义提出挑战。[8]最后，专业人士对"其生涯工作的新态度需要有一种价值基础并且要对人性的本能有一种不同寻常的认知。这意味着，在有些方面，专业人员必须成为哲学家，而且这是一种他们尚未为之受过训练的角色。然而，哲学的任务必须先于行动；而且，如果哲学家不会成为管理者，那么管理者当然必须成为哲学家”[9]。斯科特和哈特最终得出结论说，为公共行政做准备的地方就是管理学院和行政学院。

斯科特和哈特的结论与本书第 6 章所提出和描述的观点很相似。诸如权威的分享、工作是一种令人满意的个人经验以及工作环境的集体设计和利用这样的概念正是在管理学院和行政学院中传授的。同样，诸如公民的权利、公民对组织决策参与以及其他作为公民的个体概念等基本观念也正是在管理学院和行政学院中培养的。而且，正是在学院中，专业人员学会了审视组织边界和衡量政治水平、经济水平和社会水平以便共同努力保持组织多变性和回应性的技能。再多的一流内部管理也补偿不了不能正确衡量组织边界变化过程并且使组织具有回应能力的缺憾。

现代的专业人员将还需要了解公共行政的版图（geography）。公民参与的关键
119 在于开发、培养和保护分权的模式，进而促使决策尽可能地接近公民个体。专业人员需要了解的将不仅是像对一个组织的照顾、供给、发展和成长这样的公共服务，而且更需要了解对一个旨在实施特定活动的一个项目或一揽子项目的管理，而这些特定活动的目的在于满足公民个人的需要——这些需要很可能会是变革过程中的需要。

维克多·汤普森最近对组织的分析着重关注的就是组织的角色和功能。他正确地指出，大规模的组织可能会对为组织工作和接受组织服务的个体产生一种去人性的效应（dehumanizing effect）。[10]在汤普森眼中的这个问题是组织不能以一种有同情心的方式对个人做出回应。他引证了无数的案例说明组织规则的愚蠢应用给员工和公民造成的不必要伤害。他从总体上对大规模组织世界中个人同情心问题的一系列可能的“解决办法”持悲观态度。他既不看好人事行政的技巧，也不看好管理训练。它对组织发展和敏感性训练仅抱有很小的希望。他从总体上对更小政府单位、更小机构以及分权组织会更有同情心的可能性持消极态度。他发现，几乎不可能将管理者角色、员工角色和公民角色结合在单独的一个人身上。汤普森同样怀疑监察官从根本上解决同情心问题的可能性。最后，他特别批评了所谓新公共行政主张采取有力行动的相关途径。

尽管汤普森描绘了一幅特别悲观的画面，但是，他在最后一章的开头却这样写道：“这种描述迄今已经给读者留下了悲观绝望的印象。实际上，现实的情境并没有它看起来的那么糟糕。事实上，多数人在大规模现代官僚组织的控制下并没有遭
120 受不正当的待遇。”[11]汤普森对个人与组织的自然结合抱有某种希望：“伴随着个人在我们不断变化的文化中的变化以及对组织宛如家庭的需求感的减弱，越来越多的人将会在越来越多从某些方面看更像家庭的组织中工作。人与其制度将会相互契合。如果没有遗传工程或行为工程，我们绝不能指望看到一种完美的契合。这样的工程还有一段很长的路要走。迄今为止，我们尚未决定怎样或是选择工程师，或是选择设计。”[12]

汤普森在使组织拟人化的道路上已经走得太远了。他竟然使组织完全不顾作为

其构成要素的人，以至于组织以某种方式逐渐变得外在于人并且独立于人之外存在。他错了！如果个人有才智创造这些结构和所有相伴随的技术，那么他们肯定也有才智使这些结构具有回应性、适应性、有效性和人性。但是，我们不应该抱有任何幻想。我们现在很难把人类的这些巨大的技术机器控制得让它们做我们希望的事情，而且未来也更难做到。

毫无疑问，20 世纪 80 年代最重大的问题之一将会是生产率。所有现存的迹象都表明，所生产的物品和服务与所耗费的人力之比率正在下降。劳动力大军中越来越多的人正在生产着越来越少的东西。有一个配套的议题将会调和这个问题。我们正处在一个有极限、无增长的时代，环顾四周，我们可以看到一种普遍倾向于削减支出乃至政府服务的态度。如果对越来越少的支出乃至政府服务的期望值越来越高，那么我们将会很难满足员工个人的需要，在公共服务领域的情况尤其如此。公民个人不能指望在剥夺公共雇员福利的同时使自己的服务有所增加。另一方面，公共雇员也不能假定政府组织是为了自己的生计而存在。其实，公共行政存在的目的就是要提供公共服务。但是，公民也不能指望在没有支付任何必要补偿的情况下享有一种周到的公共服务。

生产率问题伴之以税收和支出削减问题可能会降低社会公平的可能性。如果存在的资源普遍都越来越少，那么要干的事情也将会越来越少。如果说历史有任何指导意义的话，那么，在削减或紧缩的情况下，那些其经济和社会地位处在底层的人们所得到的最少。我们正在迈入一个新的时代，这个时代十分强调公共官员应该承认公民个人有权享有公平的公共服务。 121

注释

[1] William G. Scott and David K. Hart, *Organizational America* (Boston: Houghton Mifflin Co., 1979).

[2] Victor A. Thompson, *Without Sympathy or Enthusiasm* (University, Ala.: University of Alabama Press, 1975), p. 66.

[3] Scott and Hart, *Organizational America*, pp. 6-7.

[4] Ibid., p. 211.

[5] Ibid., p. 209.

[6] Ibid., p. 219.

[7] Ibid., pp. 220-221.

[8] Ibid., pp. 223-224.

[9] Ibid., p. 225.

[10] Thompson, *Without Sympathy or Enthusiasm*.

[11] Ibid., p. 87.

[12] Ibid., pp. 93-94.

参考书目

Bailey, Stephen K. "A Structured Interaction Pattern for Harpsichord and Kazoo," *Public Administration Review*, 14, no. 3 (1954), 202-205

Baumgartner, John Stanley. *Project Management*. Homewood, III.: Irwin, 1963

Bennis, Warren G. "The Coming Death of Bureaucracy." In David I. Clelland and William R. King, *Systems, Organizations, Analysis, Management*. New York: McGraw-Hill, 1969, pp. 12-18

—— "Post-Bureaucratic Leadership," *Trans-Action* (July-August 1969), 44

——, and Philip E. Slater. *The Temporary Society*. New York Harper & Row, 1968

Benson, Charles S., and Peter B. Lund. *Neighborhood Distribu-tion of Local Public Services*. Berkeley, Calif: Institute of Government Studies, University of California, Berkeley, 1969

Biller, Robert J. "Converting Knowledge into Action: Toward a Postindustrial Society." In Jong S. Jun and William B. Storm, eds., *Tomorrow's Organizations: Challenges and Strategies*. Glenview, III.: Scott, Foresman, 1973

Black, Henry Campbell. *Black's Law Dictionary*, 4th edition. St. Paul, Minn.: West, 1957

Blau, Peter M. *Exchange and Power in Social Life*. New York: John Wiley & Sons, 1964

——, and Charles H. Page. *Bureaucracy in Modern Society*. New York: Random

House, 1956

Brandl, John. "Public Service Education in the 1970s," *School of Public Affairs*, University of Minnesota, Mimeo, January 1976, pp. 1-14

Buchanan, James W., and Gordon Tullock. *The Calculus of Consent*. Ann Arbor: University of Michigan Press, 1962

Caldwell, Lynton K. "Thomas Jefferson and Public Administration." *Public Administration Review*, 3, no. 3 (1943). Reprinted in Claude E. Hawley and Ruth G. Weintraub, *Administration Questions and Political Answers*. New York: D. Van Nostrand Co., 1966, pp. 7-15

Chapman, Richard, and Frederic N. Cleaveland. *Meeting the Needs of Tomorrow's Public Service: Guidelines for Professional Education in Public Administration*. Washington, D. C.: National Academy of Public Administration, 1973

Charlesworth, James C., ed. *The Theory and Practice of Public Administration: Scope, Objectives, and Methods*. Philadelphia: The American Academy of Political and Social Science, October 1968

Chitwood, Stephen R. "Social Equity and Social Service Productivity," *Public Administration Review*, 34 (January-February 1974), 29-35

Clelland, David I., and William R. King. *Systems Analysis and Project Management*. New York: McGraw-Hill, 1968

——. *Systems, Organizations, Analysis, Management: A Book of Readings*. New York: McGraw-Hill, 1969

Cleveland, Harlan. *The Future Executive: A Guide for Tomorrow's Managers*. New York: Harper & Row, 1972

Committee for Economic Development. *Reshaping Government in Metropolitan Areas*. New York: Committee for Economic Development, 1970

Crain, G. Robert, Elihu Katz, and D. B. Rosenthal. *The Politics of Community Conflict*. Indianapolis: Bobbs-Merrill, 1969

Crozier, Michel. *The Bureaucratic Phenomenon*. Chicago: The University of Chicago Press, 1964

Cyert, Richard, and James March. *A Behavioral Theory of the Firm*. Englewood Cliffs, N. J.: Prentice-Hall, 1963

Davis, James, and Kenneth Dolbeare. *Little Groups of Neighbors: The Selective Service System*. Chicago: Markham Press, 1968

Downs, Anthony. *An Economic Theory of Democracy*. New York: Harper & Row, 1957

——. *Inside Bureaucracy*. Boston: Little, Brown, 1967

Drucker, Peter. *The Age of Discontinuity: Guidelines to a Changing Society*. New York: Harper & Row, 1969

Etzioni, Amitai. *A Comparative Analysis of Complex Organizations*. New York: The Free Press, 1961

——. "Mixed Scanning: A 'Third' Approach to Decision-Making." *Public Administration Review*, 27, no. 5 (December 1967), 386-387

——. *Modern Organizations*. Englewood Cliffs, N. J.: Prentice-Hall, 1964

Fesler, James. *Area and Administration*. University, Ala.: University of Alabama Press, 1949

Frederickson, H. George. *Neighborhood Control in the 1970s*. New York: Chandler Publishing Co., 1973

——, ed. "Curriculum Essays on Citizens, Politics and Administration in Urban Neighborhoods." *Public Administration Review*, Special Issue, 32 (November 1972)

Frederickson, H. George, and Linda Schluter O'Leary. *Power, Public Opinion, and Policy in a Metropolitan Community: A Case Study of Syracuse, New York*. New York: Praeger Publishers, 1973

Frederickson, H. George, and Charles R. Wise, eds., *Public Administration and Public Policy*. Lexington, Mass.: Lexington Books, 1977

Gawthrop, Louis C. *Administrative Politics and Social Change*. New York: St. Martin's Press, 1971

Gore, William J. *Administrative Decision-Making: A Heuristic Model*. New York: John Wiley & Sons, 1964

Griggs v. Duke Power Co., 401 U. S., 424, 433 (March 7, 1971)

Hardin, Charles M. *Food and Fiber in American Politics*. Washington, D. C.: U. S. Government Printing Office, 1968

Harris, T. George. "Organic Populism: A Conversation with Warren G. Bennis." *Psychology Today* (February 1970), 48

Hart, David K. "Social Equity, Justice and the Equitable Administrator." *Public Administration Review*, 34 (January-February 1974), 6

——, and William G. Scott. "The Moral Nature of Man in Organizations: A Comparative Analysis." *The Academy of Management, Journal*, 14, no. 2 (June 1971), 241-255

Hawkins v. Town of Shaw, 427 F. 2d 1286 (5th Cir. 1971) aff'd 461 F. 2d 1171 (1972) (en bane)

Honey, John C. "A Report: Higher Education for Public Service." *Public Administration Review*, 27 (November 1967), 294-321

Ink, Dwight. "A Management Crisis for the New President: People Programs." *Public Administration Review*, 28, no, 6 (November-December 1968), 546-552

Jencks, Christopher et al. *Inequality: A Reassessment of the Effect of Family and Schooling in America*. New York: Basic Books, 1972

Jun, Jong S., and William B. Storm, eds. *Tomorrow's Organizations: Challenges and Strategies*. Glenview, Ⅲ.: Scott, Foresman, 1973

Katz, Daniel, and Robert Kahn. *The Social Psychology of Organizations*. New York: John Wiley & Sons, 1966

Kaufman, Herpert, "Aministrative Decentralization and Political Power." *Public Administration Review*, 29 (January- February 1969), 3—15

——. *Are Government Organizations Immortal?* Washington, D. C.: The Brookings Institution, 1976

Kirkhart, Larry. "Public Administration and Selected Developments in Social Science: Toward a Theory of Public Administration." In Frank Marini, ed., *Toward a New Public Administration: The Minnowbrook Perspective*. San Francisco: Chandler Publishing Co., 1971, pp. 127—163

Kotler, Milton. *Neighborhood Government: The Local Foundations of Political Life*. Indianapolis and New York: Bobbs-Merrill, 1969

Kuhn, Thomas. *The Structure of Scientific Revolutions*. Chicago: University of Chicago Press, 1970

Leys, Wayne A. R. *Ethics For Policy Decisions*. Englewood Cliffs, N. J.: Prentice-Hall, 1952

Likert, Rensis. *The Human Organization: Its Management and Value*. New York: McGraw-Hill, 1967

——. *New Patterns of Management*. New York: McGraw-Hill, 1961

Lindbloom, Charles. *The Intelligence of Democracy: Decision-Making through Mutual Adjustment*. New York: Free Press, 1965

Lineberry, Robert L., and Edmund P. Fowler. "Reformism and Public Policies in American Cities." *American Political Science Review*, 67 (September 1967), 702

Lowi, Theordore J. *The End of Liberalism*. New York: W. W. Norton & Co., 1969

Maass, Arthur. *Muddy Waters*. Cambridge, Mass.: Harvard University Press, 1951

McCurdy, Howard E. *Public Administration: A Bibliography*. Washington, D. C.: The College of Public Affairs, The American University, 1972

McGregor, Eugene B. "Social Equity and the Public Service." *Public Administration Review*, 34 (January-February 1974), 23—24

March, James, and Herbert Simon. *Organizations*. New York: John Wiley & Sons, 1958

Marini, Frank, ed. *Toward a New Public Administration: The Minnowbrook Perspective*. San Francisco: Chandler Publishing Co., 1971

Millett, John D. *Organization for the Public Service*. Princeton, N. J.: D. Van Nostrand Co., 1966

Mosher, Frederick C. *Democracy and the Public Service*. New York: Oxford University Press, 1968

——. *Governmental Reorganizations: Cases and Commentary*. Indianapolis: Bobbs-Merrill, 1967

Ostrom, Vincent. *The Intellectual Crisis in American Public Administration*. University, Ala.: University of Alabama Press, 1973

——, Charles Tiebout, and Robert Warren. "The Organization of Government in Metropolitan Areas: A Theoretical Inquiry," *American Political Science Review*, 61 (December 1961), 831–842

Perrow, Charles. *Complex Organizations: A Critical Essay*. Glen-view, III.: Scott, Foresman, 1972

Perry, David. "The Suburb as a Model for Neighborhood Con-trol." In George Frederickson, *Neighborhood Control in the 1970s*. New York: Chandler Publishing Co., 1973, pp. 85–100

Pfiffner, John, and Frank Sherwood. *Administrative Organization*. Englewood Cliffs, N. J.: Prentice-Hall, 1960

Porter, David O., and Teddy Wood Porter. "Social Equity and Fiscal Federalism." *Public Administration Review*, 34 (January-February 1974), 36–43

Pressman, Jeffrey L., and Aaron Wildavsky. *Implementation*. Berkeley, Calif.: University of California Press, 1973

Presthus, Robert. *The Organizational Society*. New York: Alfred A. Knopf, 1962

Price, Don. "1984 and Beyond: Social Engineering or Political Values." In Frederick C. Mosher, ed., *American Public Administration: Past, Present, Future*. University, Ala.: University of Alabama Press, 1975, pp. 233–252

"Public Service Education in the 1970s." *School of Public Affairs*, University of Minnesota, Mimeo. January 1976, p. 2

Rawls, John. *A Theory of Justice*. Cambridge, Mass.: The Belknap Press of Harvard University Press, 1971

Reed, William H. "The Decline of the Hierarchy in Industrial Organizations." In David I. Clelland and William R. King, *Systems, Organizations, Analysis, Management*. New York: McGraw-Hill, 1969, pp. 22–29

Riker, William H. *Federalism: Origin, Operation, Significance*. Boston: Little, Brown, 1964

Rodriguez v. San Antonio, U. S. Supreme. Court, March 21, 1972. Roethlisberger, F. J., and W. J. Dickson. *Management and the Worker*. Cambridge, Mass.: Harvard University Press, 1939

Rourke, Frances E. *Bureaucracy, Politics and Public Policy*. 2d ed. Boston: Little, Brown, 1976

Schott, Richard L. "Public Administration as a Profession: Problems and Prospects," *Public Administration Review* 36, no. 3 (May-June 1976), 253–259

Schultze, Charles L. *The Politics and Economics of Public Spending*. Washington, D. C.: The Brookings Institution, 1969

Scott, William G., and David K. Hart. *Organizational America*. Boston: Houghton Mifflin Co., 1979

Serrano v. Priest, 487 P2d 1241 (1972)

Simon, Herbert. *Administrative Behavior*. New York: Macmillan Co., 1957

——. *Models of Man*. New York: John Wiley & Sons, 1956. Steiner, George A., and William G. Ryan. *Industrial Project Management*. New York: Macmillan Co., 1968

Stone, Alice, and Donald Stone. "Appendix: Case Histories of Early Professional Education Programs." In Frederick C. Mosher, ed., *American Public Administration: Past, Present, Future*. University, Ala.: University of Alabama Press, 1975, pp. 268–290

"Symposium on Productivity in Government." *Public Administration Review*, 32 (November-December 1972), pp. 739–851

Thompson, James D. *Organizations in Action: The Social Science Bases of Administrative Theory*. New York: McGraw-Hill, 1967

Thompson, Victor A. *Modern Organization*. New York: Alfred A. Knopf, 1961

——. *Without Sympathy or Enthusiasm*. University, Ala.: University of Alabama Press, 1975

Viteritti, Joseph P. *Bureaucracy and Social Justice*. Port Washington, N. Y.: Kennikat Press. 1979

Waldo, Dwight. "Developments in Public Administration." *Annals of the American Academy of Political and Social Science*, 404 (November 1972), 217–245

——. *Public Administration in a Time of Turbulence*. San Francisco: Chandler Publishing Co., 1971

——. "Scope of the Theory of Public Administration." In James C. Charlesworth, ed., *Theory and Practice of Public Administration: Scope, Objectives and Methods*. Philadelphia: The American Academy of Political and Social Science, October 1968, pp. 1–26

Weber, Max. *The Theory of Social and Economic Organization*. Translated by A. M. Henderson and Talcott Parsons. Fair Lawn, N. J.: Oxford University Press, 1947

White, Leonard D. *Introduction to the Study of Public Administration*. New York: Macmillan Co., 1926

Whyte, William H., Jr. *The Organization Man*. Garden City, N. Y.: Doubleday, 1956

Wilcox, Herbert. "The Cultural Traits of Hierarchy in Middle Class Children." *Public Administration Review*, 29 (March-April 1968), 222–235

Wildavsky, Aaron. *The Politics of the Budgetary Process*. Boston: Little,

Brown, 1974

Wilson, Woodrow. "The Study of Public Administration." *Political Science Quarterly*, 2, no. 1 (June 1887), as reprinted in 56 (December 1941), 493-507

Woll, Peter. *Public Policy*. Cambridge, Mass.: Winthrop Publishers, 1974

索　引

人大版公共管理类翻译（影印）图书

公共行政与公共管理经典译丛

书名	著译者	定价
公共管理名著精华：“公共行政与公共管理经典译丛”导读	吴爱明　刘晶　主编	49.80 元
公共管理导论（第四版）	［澳］欧文·E. 休斯　著 张成福　马子博 等　译	48.00 元
政治学（第三版）	［英］安德鲁·海伍德　著 张立鹏　译	49.80 元
公共政策分析导论（第四版）	［美］威廉·N. 邓恩　著 谢明 等　译	49.00 元
公共政策制定（第五版）	［美］詹姆斯·E. 安德森　著 谢明 等　译	46.00 元
公共行政学：管理、政治和法律的途径（第五版）	［美］戴维·H. 罗森布鲁姆 等　著 张成福 等　译校	58.00 元
比较公共行政（第六版）	［美］费勒尔·海迪　著 刘俊生　译校	49.80 元
公共部门人力资源管理：系统与战略（第六版）	［美］唐纳德·E. 克林纳 等　著 孙柏瑛 等　译	58.00 元
公共部门人力资源管理（第二版）	［美］埃文·M. 伯曼 等　著 萧鸣政 等　译	49.00 元
行政伦理学：实现行政责任的途径（第五版）	［美］特里·L. 库珀　著 张秀琴　译　音正权　校	35.00 元
民治政府：美国政府与政治（第 23 版·中国版）	［美］戴维·B. 马格莱比 等　著 吴爱明 等　编译	58.00 元
比较政府与政治导论（第五版）	［英］罗德·黑格　马丁·哈罗普　著 张小劲 等　译	48.00 元
公共组织理论（第五版）	［美］罗伯特·B. 登哈特　著 扶松茂　丁力　译　竺乾威　校	32.00 元
公共组织行为学	［美］罗伯特·B. 登哈特 等　著 赵丽江　译	49.80 元
组织领导学（第七版）	［美］加里·尤克尔　著 丰俊功　译	78.00 元
公共关系：职业与实践（第四版）	［美］奥蒂斯·巴斯金 等　著 孔祥军 等　译　郭惠民　审校	68.00 元
公用事业管理：面对 21 世纪的挑战	［美］戴维·E. 麦克纳博　著 常健 等　译	39.00 元
公共预算中的政治：收入与支出，借贷与平衡（第四版）	［美］爱伦·鲁宾　著 叶娟丽　马骏 等　译	39.00 元
公共行政学新论：行政过程的政治（第二版）	［美］詹姆斯·W. 费斯勒 等　著 陈振明 等　译校	58.00 元
公共部门战略管理	［美］保罗·C. 纳特 等　著 陈振明 等　译校	49.00 元
公共行政与公共事务（第十版·中文修订版）	［美］尼古拉斯·亨利　著 孙迎春　译	68.00 元
案例教学指南	［美］小劳伦斯·E. 林恩　著 郄少健 等　译　张成福 等　校	39.00 元
公共管理中的应用统计学（第五版）	［美］肯尼思·J. 迈耶 等　著 李静萍 等　译	49.00 元
现代城市规划（第五版）	［美］约翰·M. 利维　著 张景秋 等　译	39.00 元
非营利组织管理	［美］詹姆斯·P. 盖拉特　著 邓国胜 等　译	38.00 元

书名	著译者	定价
公共财政管理：分析与应用（第九版）	［美］约翰·L. 米克塞尔　著 苟燕楠　马蔡琛　译	138.00 元
公共行政学：概念与案例（第七版）	［美］理查德·J. 斯蒂尔曼二世　编著 竺乾威 等　译	75.00 元
公共管理研究方法（第五版）	［美］伊丽莎白森·奥沙利文 等　著 王国勤 等　译	79.00 元
公共管理中的量化方法：技术与应用（第三版）	［美］苏珊·韦尔奇 等　著 郝大海 等　译	39.00 元
公共部门绩效评估	［美］西奥多·H. 波伊斯特　著 肖鸣政 等　译	45.00 元
公共管理的技巧（第九版）	［美］乔治·伯克利 等　著 丁煌　主译	59.00 元
领导学：理论与实践（第五版）	［美］彼得·G. 诺斯豪斯　著 吴爱明　陈爱明　陈晓明　译	48.00 元
领导学（亚洲版）	［新加坡］林志颂 等　著 顾朋兰 等　译　丁进锋　校译	59.80 元
领导学：个人发展与职场成功（第二版）	［美］克利夫·里科特斯　著 戴卫东 等　译　姜雪　校译	69.00 元
二十一世纪的公共行政：挑战与改革	［美］菲利普·J. 库珀 等　著 王巧玲　李文钊　译　毛寿龙　校	45.00 元
行政学（新版）	［日］西尾胜　著 毛桂荣 等　译	35.00 元
比较公共行政导论：官僚政治视角（第六版）	［美］B. 盖伊·彼得斯　著 聂露　李姿姿　译	49.80 元
理解公共政策（第十二版）	［美］托马斯·R. 戴伊　著 谢明　译	45.00 元
公共政策导论（第三版）	［美］小约瑟夫·斯图尔特 等　著 韩红　译	35.00 元
公共政策分析：理论与实践（第四版）	［美］戴维·L. 韦默 等　著 刘伟　译校	68.00 元
公共政策分析案例（第二版）	［美］乔治·M. 格斯　保罗·G. 法纳姆　著 王军霞　贾洪波　译　王军霞　校	59.00 元
公共危机与应急管理概论	［美］迈克尔·K. 林德尔 等　著 王宏伟　译	59.00 元
公共行政导论（第六版）	［美］杰伊·M. 沙夫里茨 等　著 刘俊生 等　译	65.00 元
城市管理学：美国视角（第六版·中文修订版）	［美］戴维·R. 摩根 等　著 杨宏山　陈建国　译　杨宏山　校	56.00 元
公共经济学：政府在国家经济中的作用	［美］林德尔·G. 霍尔库姆　著 顾建光　译	69.80 元
公共部门管理（第八版）	［美］格罗弗·斯塔林　著 常健 等　译　常健　校	75.00 元
公共行政学经典（第七版·中国版）	［美］杰伊·M. 沙夫里茨 等　主编 刘俊生　译校	148.00 元
理解治理：政策网络、治理、反思与问责	［英］R. A. W. 罗兹　著 丁煌　丁方达　译　丁煌　校	69.80 元
政治、经济与福利	［美］罗伯特·A. 达尔 等　著 蓝志勇 等　译	待出
新公共服务：服务，而不是掌舵（第三版）	［美］珍妮特·V. 登哈特　罗伯特·B. 登哈特　著 丁煌　译　方兴　丁煌　校	39.00 元
议程、备选方案与公共政策（第二版·中文修订版）	［美］约翰·W. 金登　著 丁煌　方兴　译　丁煌　校	49.00 元

书名	著译者	定价
政策分析八步法（第三版）	［美］尤金·巴达克　著 谢明 等　译　谢明 等　校	48.00 元
新公共行政	［美］H. 乔治·弗雷德里克森 丁煌　方兴　译　丁煌　校	23.00 元
公共行政的精神（中文修订版）	［美］H. 乔治·弗雷德里克森　著 张成福 等　译　张成福　校	48.00 元
官僚制内幕（中文修订版）	［美］安东尼·唐斯　著 郭小聪 等　译	49.80 元
民营化与公私部门的伙伴关系（中文修订版）	［美］E.S. 萨瓦斯 周志忍 等　译	59.00 元
行政伦理学手册（第二版）	［美］特里·L. 库珀　主编 熊节春　译　熊节春　熊碧霞　校	168.00 元
政府绩效管理：创建政府改革的持续动力机制	［美］唐纳德·P. 莫伊尼汗　著 尚虎平　杨娟　孟陶　译　孟陶　校	69.00 元
后现代公共行政：话语指向（中文修订版）	［美］查尔斯·J. 福克斯 等　著 楚艳红 等　译　吴琼　校	38.00 元
公共行政的合法性：一种话语分析（中文修订版）	［美］O.C. 麦克斯怀特　著 吴琼　译	45.00 元
公共行政的语言：官僚制、现代性和后现代性（中文修订版）	［美］戴维·约翰·法默尔　著 吴琼　译	56.00 元
领导学	［美］詹姆斯·麦格雷戈·伯恩斯　著 常健　孙海云 等　译　常健　校	69.00 元
官僚经验：后现代主义的挑战（第五版）	［美］拉尔夫·P. 赫梅尔　著 韩红　译	39.00 元
制度分析：理论与争议（第二版）	［韩］河连燮　著 李秀峰　柴宝勇　译	48.00 元
公共服务中的情绪劳动	［美］玛丽·E. 盖伊 等　著 周文霞 等　译	38.00 元
预算过程中的新政治（第五版）	［美］阿伦·威尔达夫斯基 等　著 苟燕楠　译	58.00 元
公共行政中的价值观与美德：比较研究视角	［荷］米歇尔·S. 德·弗里斯 等　主编 熊　缨　耿小平 等　译	58.00 元
公共决策中的公民参与	［美］约翰·克莱顿·托马斯　著 孙柏瑛 等　译	28.00 元
再造政府	［美］戴维·奥斯本 等　著 谭功荣 等　译	45.00 元
构建虚拟政府：信息技术与制度创新	［美］简·E. 芳汀　著 邵国松　译	32.00 元
突破官僚制：政府管理的新愿景	［美］麦克尔·巴泽雷　著 孔宪遂 等　译	25.00 元
政府未来的治理模式（中文修订版）	［美］B. 盖伊·彼得斯　著 吴爱明 等　译　张成福　校	38.00 元
无缝隙政府：公共部门再造指南（中文修订版）	［美］拉塞尔·M. 林登　著 汪大海 等　译	48.00 元
公民治理：引领 21 世纪的美国社区（中文修订版）	［美］理查德·C. 博克斯　著 孙柏瑛 等　译	38.00 元
持续创新：打造自发创新的政府和非营利组织	［美］保罗·C. 莱特　著 张秀琴　译　音正权　校	28.00 元
政府改革手册：战略与工具	［美］戴维·奥斯本 等　著 谭功荣 等　译	59.00 元

书名	著译者	定价
公共部门的社会问责：理念探讨及模式分析	世界银行专家组 著 宋涛 译校	28.00 元
公私合作伙伴关系：基础设施供给和项目融资的全球革命	[英] 达霖·格里姆赛 等 著 济邦咨询公司 译	29.80 元
非政府组织问责：政治、原则与创新	[美] 丽莎·乔丹 等 主编 康晓光 等 译 冯利 校	32.00 元
市场与国家之间的发展政策：公民社会组织的可能性与界限	[德] 康保锐 著 隋学礼 译校	49.80 元
建设更好的政府：建立监控与评估系统	[澳] 凯思·麦基 著 丁煌 译 方兴 校	30.00 元
新有效公共管理者：在变革的政府中追求成功（第二版）	[美] 史蒂文·科恩 等 著 王巧玲 等 译 张成福 校	28.00 元
驾御变革的浪潮：开发动荡时代的管理潜能	[加] 加里斯·摩根 著 孙晓莉 译 刘霞 校	22.00 元
自上而下的政策制定	[美] 托马斯·R. 戴伊 著 鞠方安 等 译	23.00 元
政府全面质量管理：实践指南	[美] 史蒂文·科恩 等 著 孔宪遂 等 译	25.00 元
公共部门标杆管理：突破政府绩效的瓶颈	[美] 帕特里夏·基利 等 著 张定淮 译校	28.00 元
创建高绩效政府组织：公共管理实用指南	[美] 马克·G. 波波维奇 主编 孔宪遂 等 译 耿洪敏 校	23.00 元
职业优势：公共服务中的技能三角	[美] 詹姆斯·S. 鲍曼 等 著 张秀琴 译 音正权 校	19.00 元
全球筹款手册：NGO 及社区组织资源动员指南（第二版）	[美] 米歇尔·诺顿 著 张秀琴 等 译 音正权 校	39.80 元

公共政策经典译丛

书名	著译者	定价
公共政策评估	[美] 弗兰克·费希尔 著 吴爱明 等 译	38.00 元
公共政策工具——对公共管理工具的评价	[美] B. 盖伊·彼得斯 等 编 顾建光 译	29.80 元
第四代评估	[美] 埃贡·G. 古贝 等 著 秦霖 等 译 杨爱华 校	39.00 元
政策规划与评估方法	[加] 梁鹤年 著 丁进锋 译	39.80 元

当代西方公共行政学思想经典译丛

书名	编译者	定价
公共行政学中的批判理论	戴黍 牛美丽 等 编译	29.00 元
公民参与	王巍 牛美丽 编译	45.00 元
公共行政学百年争论	颜昌武 马骏 编译	49.80 元
公共行政学中的伦理话语	罗蔚 周霞 编译	45.00 元

公共管理英文版著作

书名	作者	定价
公共管理导论（第四版）	［澳］Owen E. Hughes （欧文·E. 休斯） 著	45.00元
理解公共政策（第十二版）	［美］Thomas R. Dye （托马斯·R. 戴伊） 著	34.00元
公共行政学经典（第五版）	［美］Jay M. Shafritz （杰伊·M. 莎夫里茨）等 编	59.80元
组织理论经典（第五版）	［美］Jay M. Shafritz （杰伊·M. 莎夫里茨）等 编	46.00元
公共政策导论（第三版）	［美］Joseph Stewart，Jr. （小约瑟夫·斯图尔特）等 著	35.00元
公共部门管理（第九版·中国学生版）	［美］Grover Starling （格罗弗·斯塔林） 著	59.80元
政治学（第三版）	［英］Andrew Heywood （安德鲁·海伍德） 著	35.00元
公共行政导论（第五版）	［美］Jay M. Shafritz （杰伊·M. 莎夫里茨）等 著	58.00元
公共组织理论（第五版）	［美］Robert B. Denhardt （罗伯特·B. 登哈特） 著	32.00元
公共政策分析导论（第四版）	［美］William N. Dunn （威廉·N. 邓恩） 著	45.00元
公共部门人力资源管理：系统与战略（第六版）	［美］Donald E. Klingner （唐纳德·E. 克林纳）等 著	48.00元
公共行政与公共事务（第十版）	［美］Nicholas Henry （尼古拉斯·亨利） 著	39.00元
公共行政学：管理、政治和法律的途径（第七版）	［美］David H. Rosenbloom （戴维·H. 罗森布鲁姆）等 著	68.00元
公共经济学：政府在国家经济中的作用	［美］Randall G. Holcombe （林德尔·G. 霍尔库姆） 著	62.00元
领导学：理论与实践（第六版）	［美］Peter G. Northouse （彼得·G. 诺斯豪斯） 著	45.00元

图书在版编目（CIP）数据

新公共行政/［美］弗雷德里克森著；丁煌，方兴译．—北京：中国人民大学出版社，2011
（公共行政与公共管理经典译丛．学术经典系列）
ISBN 978-7-300-13267-9

Ⅰ.①新… Ⅱ.①弗…②丁…③方… Ⅲ.①行政学 Ⅳ.①D035

中国版本图书馆 CIP 数据核字（2010）第 264573 号

公共行政与公共管理经典译丛
学术经典系列
新公共行政
［美］H·乔治·弗雷德里克森（H. George Frederickson） 著
丁煌 方兴 译
丁煌 校
Xin GonggongXingzheng

出版发行	中国人民大学出版社		
社　　址	北京中关村大街 31 号	**邮政编码**	100080
电　　话	010－62511242（总编室）		010－62511770（质管部）
	010－82501766（邮购部）		010－62514148（门市部）
	010－62515195（发行公司）		010－62515275（盗版举报）
网　　址	http://www.crup.com.cn		
经　　销	新华书店		
印　　刷	北京东君印刷有限公司		
规　　格	185 mm×260 mm　16 开本	**版　　次**	2011 年 2 月第 1 版
印　　张	7.75 插页 2	**印　　次**	2020 年 11 月第 2 次印刷
字　　数	159 000	**定　　价**	48.00 元